授業づくりで子どもが伸びる、教師が育つ、学校が変わる

「授業づくり・学校づくりセミナー」における「協同的学び」の実践

石井順治 編著
小畑公志郎／佐藤雅彰 著

明石書店

序文

「授業づくり、学校づくりセミナー」の二〇年を回顧して

「授業づくり、学校づくりセミナー」の二〇年は、「学びの共同体」の授業づくり、学校づくりの二〇年間と符合している。第一回の「授業づくり、学校づくりセミナー」が三重県鳥羽市において、石井順治さんを中心とする「東海国語教育を学ぶ会」を母体とし、稲垣忠彦先生（故人・当時東京大学教授）と私を講師として開催された一九九九年、神奈川県茅ケ崎市において「学びの共同体」の最初のパイロットスクールである浜之郷小学校が創設された。以後、「授業づくり、学校づくりセミナー」は、「学びの共同体」の授業づくり、学校づくりと手を携えて、数々の優れた実践を創出し、関西地方を中心とする授業改革を主導する役割をはたしてきた。本書は、このセミナーで報告された最近五年間の代表的な実践事例を提示し、その意味づけを行っている。このセミナーの報告はすべて、授業のヴィデオ記録を提示し紹介する方式をとってきたが、本書の叙述も、そのリアルな記録を再現しつつ、教室の事実の見えない関係と意味を開示するスタイルで執筆されている。本書の叙述をとおして読者は、現在の最先端の授業実践のリアルな事実を発見することができるだろう。

「授業づくり、学校づくりセミナー」は、戦後日本の授業研究の歴史の結節点でもある。この

セミナーの前身である「授業研究セミナー」（一九九五年―一九九八年）は、稲垣忠彦先生、石井順治さん、伊藤功一さん（故人・元十和田市立三本木小学校長）と私の四人を講師として開催されている。一方、「東海国語教育を学ぶ会」は、一九七九年、氷上正さん（故人・元神戸市御影小学校長）、田村省三さん（元御影小学校教諭）と石井順治さんを中心に組織された「国語教育を学ぶ会」の東海支部であり、翌年三重大学に赴任した私は、その翌年にこの会に参加している。その背景についても言及しておきたい。その年まで、稲垣忠彦先生も、氷上正さん、田村省三さん、そして本書の執筆者の石井順治さん、小畑公志郎さんも、齋藤喜博さん（故人）の組織する「教授学研究の会」に参画していた。ところが、一九七九年、突然、これらの方々は齋藤喜博さんから「絶交」の通知を受け取った。この事件が、その後の私たちの「授業づくり、学校づくり」の出発点となった。稲垣忠彦先生の「東海国語教育を学ぶ会」との繋がり、および「授業づくりセミナー」の創始と「授業づくり、学校づくりセミナー」への継承は、そのような歴史的背景を背負っている。「授業づくり、学校づくりセミナー」が、戦後日本の授業づくり、学校づくりの歴史において、どのような結節点であり、どのような到達点を示しているのかについては、本書を熟読していただければ、ご理解いただけると思う。

私が「授業づくり、学校づくりセミナー」において追求したテーマは、齋藤喜博さんを中心とする戦後日本の「授業づくり、学校づくり」の伝統を継承し、その現代的な革新を推進することであった。稲垣先生、石井さん、小畑さんも同様の意思を抱いていたと思う。このセミナーが発足するまで、この重いテーマをめぐって稲垣先生、石井さん、小畑さん、そして若林達也さん（元滋賀県小学校教師）のそれぞれと、何度も何度も相談し合ってきた。私はまだ二〇代後半から三〇代前半の若輩であったにもかかわらず、この重いテーマに挑んでいる私たちこそが、次の時代の「授業づくり、学校づくり」のパイオニアにならなければならないという、当時としては悲愴とも思える重責と使命感を抱いていた。その稲垣先生、氷上さん、田村さん、石井さん、小畑さん、若林さんとともに学んだ歩みが、私を鍛え私を育てて、「学びの共同体」という授業づくりと学校づくりへと私を導いてくれたのである。

特に、石井順治さんと小畑公志郎さんから学んできたことは私にとって絶大である。三重大学に在職中（一九八〇年から一九八八年）、石井さんと私は数えきれないほど、授業の事例研究を協同で行ってきた。日曜日に我が家でともに授業ヴィデオで研究した日も多い。石井さんの授業は私が映像で記録し、私の授業を石井さんが映像で記録した。その経験がなければ、私の授業の見方はつたないままで終わっただろう。

小畑公志郎さんから学んだことも一言では表せない。小畑さんは、まだ若輩で無名の私を勤務校に招いて、私に学びの機会を提供し、そして言葉少ない中で数々の啓示を与え続けてくれた。ある時は絶望の淵に立って、共に涙を流し合ったこともある。その一つひとつの経験によって、小畑さんは子どもの学びの事実の見方や若い教師への支援のあり方を啓発してくれただけでなく、この時代を生きる〈教師の魂〉のありかを教え続けてくれている。この機会を借りて、お二人に感謝したい。

「授業づくり、学校づくりセミナー」には、稲垣先生と私と石井さん小畑さんに加えて秋田喜代美さんが講師として参加してきた。秋田さんは東京大学助手から立教大学助教授に転任していたが、その頃から毎月、東京から四日市市まで出向いて「東海国語教育を学ぶ会」の授業研究会に参加していた。その実践研究の蓄積が、秋田さんの授業と学びを深く認識する鑑識眼を育てたと言ってよい。秋田さんの発達心理学と学習科学にもとづく慧眼が、この「授業づくり、学校づくりセミナー」を支え続けてきた。個人的には、秋田さんが参加することによって、稲垣先生、私、秋田さんという東京大学教育学部の三世代にわたる授業研究の系譜が、同一の授業事例をもとに学び合う絶好の機会となった。

そして最近一〇年ほど、このセミナーに佐藤雅彦さん（元静岡県岳陽中学校長・学びの共同体研究会副会長）が講師として参加している。佐藤さんは二〇〇一年から三年間、学びの共同体の中学校の最初のパイロットスクールを建設したことで知られている。困難校である同校が一人残らず学びに専念する学校へと改革され、不登校を激減させ、学力の飛躍的向上を達成した事実は、日本全国の中学校改革の発火点となった。私自身、予想はしていたものの、その事実を最初に目の当たりにしたときは、一日中、身体の震えがとまらなかった。浜之郷小学校に続く岳陽中学校の改革によって、日本全国の学校改革が起こり、やがて世界各国に爆発的に拡大することを予測したからである。

本書は、これら戦後日本の授業づくりと学校づくりにおける革新的伝統の結節点であり、その到達点の一端を示している。この二〇年間を回顧すると、「授業づくり、学校づくりセミナー」において報告された実践事例は二〇〇近くに達している。その一つひとつが「珠玉」とも呼べる輝きを放っていた。本書はその一端しか提示していないが、石井さん、小畑さん、佐藤さんの的確な洞察と意味づけによって、本セミナーの全体像を浮かび上がらせることに成功している。

最後に一つ、このセミナーの秘密を読者にお知らせしよう。二〇年間にわたって継続し、近年は七〇〇名以上の参加者を集めているセミナーだが、主催する私たちは毎年「今年で終わりにしよう」という思いで開催してきた。その連続が二〇年間の継続へとつながったのである。セミナーの準備が大変だったからではない。惰性で続けることは許せなかったからである。〈始まりの永久革命〉こそが、私たちの改革のモットー（標語）である。〈破壊と創造〉の継続でなければ、革新的伝統を継承することは不可能である。本書においてこのセミナーの成果を公表する今も、私たちは「今年で終わりにしよう」と密かに思案している。

学習院大学教授　佐藤　学

はじめに

子どもの目が期待で輝いている、夢中になって課題と向き合っている、学びの世界に没頭している、わからないことがあったら尋ねるし、気づいたことがあったら伝えようとする、仲間の言葉を温かく受け止め、寄り添い、ともに考える子どものやわらかく真剣な表情が心地よい、聴き合う教室、学び合う教室には、学ぶ楽しみと喜びがある、学び合うつながりがある、そして、すべての子どもに居場所感がある、わたしたちは、そういう授業を目指し、そういう授業で人と人とがつながり合う学校を目指してきた。

二一世紀を生きる子どもたちに対して、学校はどういう教育を行うべきなのだろうか。どういう学びを目指してどういう授業を行うべきなのだろうか、そして、行うべき授業はどういう学校づくりによって可能になるのだろうか。

日本の学校教育は、今、様々な課題に直面していると言われている。格差リスク社会の広がりによる子どもの学力格差拡大、公教育費削減による教育環境改善の遅れ、公共的モラル低下による子どもの道徳観の変化、生活の個人主義化による人間関係の劣化、市場競争のあおりを受けた過度な学力重視による弊害。これらのことが、人と人とのつながりを壊し、学ぶ意欲と自尊感情の低下をもたらしているとしたら、それは子どもの成長にとって危機的なことだと言わざるを得ない。学校で学ぶ子どもの姿は今の社会の縮図であり、その子どもがこれからの社会を形づくるのだから、それは未来の社会をも暗示するものだと考えなければならない。それだけに、わたしたちは、こうした学校教育の課題から目をそらすことは許されない。

教師は、こうした時代だからこそ、時代の波に飲み込まれることなく、一人ひとりの子どもを見つめ、真の学びを見つめ、子どもたちが生きる未来を見つめ、学校教育が果たさなければならないことに粛々と向かわなくてはならない。子どもたちと日々向き合い、子どもたちのために専門的見地から仕事をするのは教師しかいないのだから。

学校教育が果たさなければいけない仕事は、変動する社会の変化に対応したものでなければならない。子どもたちはその社会に巣立っていくのだから。けれども、もしその状況に子どもの育ちにとってよくないことがあったら、社会がどうであろうと、どういう風潮が強くなっていようと、学校は、子どもの未来につながる働きをしなければならない。

二〇一七年三月に告示された新学習指導要領において、知識活用型の学力観への転換を目指す「主体的・対話的で深い学び」が盛り込まれた。これは当初アクティブ・ラーニングという言い方で登場したものだが、変化の激しいこれからの社会を生きる子どもたちにとって、暗記と習熟による知識獲得型学力より探究による知識活用型学力の方が重要であることに疑いの余地はなく、この転換は大歓迎である。ただ、アクティブ・ラーニング型授業の実現に励むとしても、決して忘れてはならないことがある。それは「質と平等の同時追求」だ。それを行わない限り、知識活用型教育は絵に描いた餅になるからである。教師に求められているのは、格差のない「すべての子どもの学びの保障（平等）」であり、「すべての子どもの学びの深まり（質）」なのだ。そのどちらがなくても、「主体的・対話的で深い学び」にはなり得ないだろう。

長年にわたり「授業づくり・学校づくりセミナー」を開催してきたわたしたちは、学校をすべての子どもが豊かに学べる場にしたい、そこで行う授業を、教師から教えられるだけの暗記と習熟に偏ったものではなく、学ぶことの魅力に満ちあふれたものにしたい、学びの深さを味わえるものにしたい、そして、学校を、子どもと子どもはもちろん、教師も、保護者や地域の人たちも、子どもの教育にかかわるすべての人がつながり合える場にしたい、そう考えてきたのだった。それには、学校を「学びの共同体」にしなければならない、授業を、すべての子どもが聴き合い支え合う「協同的学び」「学び合う学び」にしなければならない。年に一回のセミナーは、そのように考え取り組んだ実践をもとに、そういう学校像・授業像を確認し合い、さらにどういう取り組みをしていけばよいのか具体的に考え合う場なのである。

稲垣忠彦先生（故人・元東京大学名誉教授）から「石井さんの会で『授業研究セミナー』を引き継いでもらえないだろうか」という打診を受けたのは一九九八年のことだった。「授業研究セミナー」とは、稲垣忠彦先生のお考えをもとに日本児童教育振興財団によって一九九五年から四年間にわたって行われた研究会である。それは、稲垣先生を中心に、佐藤学先生（現学習院大学教授）、伊藤功一先生（元十和田市立小学校長）、そして石井順治（元四日市市立小学校長）の四人がそれぞれに一講座ずつ担当して、参加者とともに授業について考え学び合う会だった。

その研究会が四回で幕を下ろすことになったのである。稲垣先生は、「この四年間で生まれたものは貴重であり、それを埋もれさせてはならない。財団による会は終わっても自前で継続しよう」とお考えになり、自主的な研究の場（東海国語教育を学ぶ会）をもつ石井にセミナー継続を託されたのだった。

こうして一九九九年三重県鳥羽市で第一回の「授業づくり・学校づくりセミナー」を開催し、それが昨年で一八回を数えたのである。「授業研究セミナー」から数えると二二年に及ぶ。二〇年を超える期間の長さもさることながら、一回の参加者数が七〇〇人に達するまでに増加したこと、そして何よりも、「学びの共同体」「学び合う学び」を目指す教師たちの学びの場として定着するまでになったことに感慨深いものがある。

「授業づくり・学校づくりセミナー」は、小学校・中学校の校長や教師たちの実践報告とそれを受けた協議・検討を軸に、講師による講演やパネルディスカッションを組み込んだ二日間にわたる会である。当然、稲垣忠彦先生、佐藤学先生に講師団の中心になっていただくとともに秋田喜代美先生（東京大学大学院教授）にも加わっていただいた。そして学校づくり・授業づくり経験者からということで、本書執筆者である佐藤雅彰（元富士市立中学校長）、小畑公志郎（元宝塚市立小学校長）、そして石井順治の三人も講師団の一角を担うことになった。その後、稲垣先生が二〇一一年に病没されるという悲しいことがあったが、その悲しみを乗り越え、稲垣先生のご遺志を受け継ぎ開催し続けてきたのだった。

本書は、そうしたセミナーの経緯を詳述する年譜的なものではない。冒頭、このセミナーでわたしたちが目指してきた授業像について述べたが、そうした授業とは具体的にどういうものであったか、そういう授業が生まれる学校づくりとはどういうものであったか、そこにどんな意味があり、そこから教師や子どものどんな学びと成長が生み出されたのか、そういう授業づくりと学校づくりの具体像を、セミナーでの報告に基づき描きだしたものである。そうすることが、セミナーへの参加経験のある人だけでなく、参加したことのない人も、セミナーの存在そのものをご存じなかった人も、ともに、わたしたちが目指す授業像・学校像について考えていただくことができると考えたからである。

もちろん、二〇年間に報告された実践は数多くあり、それらを網羅することは不可能である。そういうことから、本書は、主に最近五年ほどのセミナーで報告されたもので構成した。それらの事例の報告者の方々には、いろいろとご援助とご了解をいただいた。紙面を借りてお礼申し上げる。なお、本文中の子どもの名前はすべて仮名にさせていただくとともに、写真掲載については、該当の学校を通じてご了承いただいた。紙面を借りてお礼を申し上げる。

また、佐藤学先生と秋田喜代美先生には、セミナーでお世話になっているだけでなく、序文と解説をお書きいただき、本書の意味づけをしていただいた。ありがたいことである。

最後に、長年、セミナー開催を見守っていただくなかで本書の出版をお勧めいただき、出版のお世話をいただいた明石書店の大江道雅社長、編集を担当してくださった清水聰さんに心よりのお礼を申し上げる。

二〇一七年六月

著者代表　石井　順治

本書を、二〇一一年に病没された稲垣忠彦先生に捧げます。

目次

Ⅰ　子どもの学びをひらく協同的学び

第1章　「学び合う学び」を深める　聴き合い、支え合い

石井　順治

1　学ぶ魅力を引き出す「ジャンプの学び」への挑戦
――小学校三年算数「三角形と角」の授業

子どもの学びの深まりは、「課題の質」と課題探究における「子ども相互の支え合い」とその際の教師の「対応」の三つで決まる。そのどれが欠けても、深まりは生まれない。それどころか子どもを学びから遠ざけてしまうこともある。そのことをまざまざと感じた授業がある。「子どもたちと『ジャンプの学び』に挑戦したい」、そう言って自ら授業研究に取り組んだ三重県松阪市立第一小学校の樋口千紗さんの授業である。

(1)　ジャンプの課題

樋口さんはその年度、教師になって四年目だった。三年間、「学び合う学び」に取り組む別の

学校に勤めた後この学校に異動したのだった。まもなく新しい学校での一年が過ぎようという三月初旬、その授業は行われた。

学年は三年生、教科は算数、単元は「三角形と角」。彼女が準備した「ジャンプの課題」は、「1辺が12㎝の正三角形があります。これを13この正三角形に分けましょう」というものだった。

この年、第一小学校は「学びの共同体」の学校づくりをスタートさせて二年目だった。だから、「ジャンプの課題」を取り入れた授業づくりにも取り掛かっていた。けれども、三年生の子どもたちについては、樋口さんの指導を受けるようになるまで経験していなかったそうである。

そうした子どもたちに、樋口さんが「ジャンプの課題」を持ち出したのは三年生になって半年ほどたった秋だった。やや難しい課題にグループの仲間と知恵を出し合って取り組む学び方は、またたく間に子どもたちに受け入れられた。そして、取り組みが二度三度と重なるうち、「ジャンプの課題」が出るのを心待ちにするようになった。そして、子どもと子どものかかわりがどんどん深くなっていった。

この日の授業は、「1辺が6㎝の正三角形があります。これを、4つの正三角形に分けましょう」という「共有の課題」から始まった。これを図のように描くのに子どもたちはさほど時間がかからなかった。というのは、どのグループでも、だれ一人ぼんやりすることなく支え合ったからである。早くできた

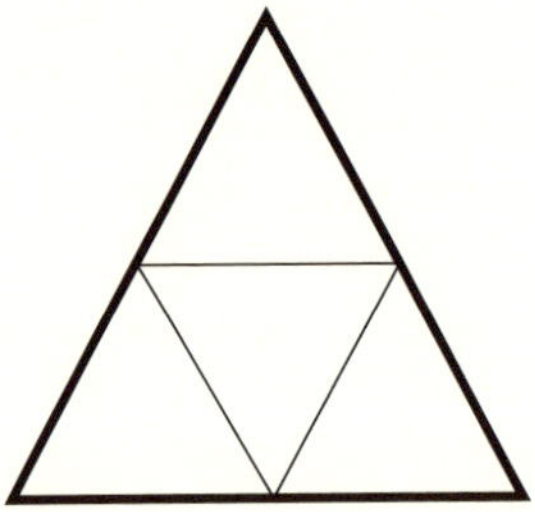

子どもは、まだできずにいる子どもの横に張り付いて、その子どもができるまでかかわっていた。こうして「共有の課題」への取り組みは一〇分ほどで終了し、おもむろに樋口さんが口を開いた。「お待たせしました」。この言葉一つで子どもたちは了解した、いよいよ「ジャンプの課題」だと。にこにこしている。「待ってました！」という感じだ。そして、前掲の課題が提示された。

ここから、子どもたちのグループによる取り組みが始まった。「ジャンプの課題」が提示されたその時には、うかれ気分で「もうわかった！」などと言っていた子どもも、いざやってみると、どうやっても13個の正三角形に分けることができない。小さめの正三角形にしてみたり、それではだめだとわかると、もう少し大きめの正三角形にしてみたりするのだが13個にはならない。樋口さんは、グループの間を巡りながらも、口出しすることなくそういう子どもたちの様子を見守っている。

(2)　わからなさから気づきが生まれる瞬間

取り組み始めて一〇分が経過した頃だっただろうか、樋口さんが子どもたちに声をかけた、「そろそろ作戦会議しよか」と。すると、子どもたちは、グループの取り組みをやめてすっと集中する。

「今の時点で、失敗したよっていうのある？」

樋口さんは、「わかった人」「できた人」と言ったのではない。その逆の「失敗したやり方があるか」と尋ねたのだ。もちろん何人もの子どもが「ある」「ある」と反応し、それらが全員の前で発表される。
①は1辺が2㎝の正三角形で分けてみたけれど20個以上になったという失敗作。②は1辺を4㎝にしたら9個しかできなかったという失敗作。③はなんとか13個にしたけれど正三角形にはならなかったという失敗作。そして④は1辺を3㎝にしたら16個になってしまったという失敗作。まさに子どもたちは、ここからどうしてよいかわからなくて困惑していたのだった。

これは失敗の共有である。このことの持つ意味は大きい。こういうことが日々行われれば、わからないこと、間違えることから学びが生まれるということを子どもたちは体感できる。そこに樋口学級がこれだけの「支え合う探究」を実現した鍵がある。

それはさておき、このとき、四つ目の失敗作を見ていた子どもたちの中から「3㎝があかんのや

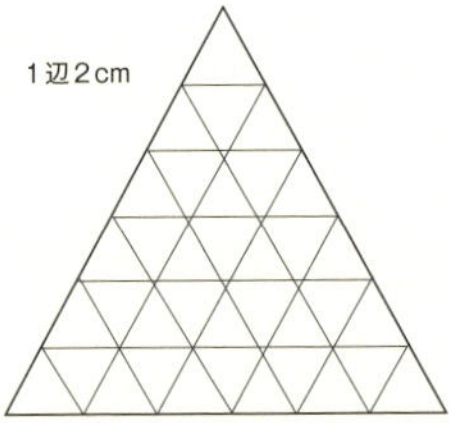

①

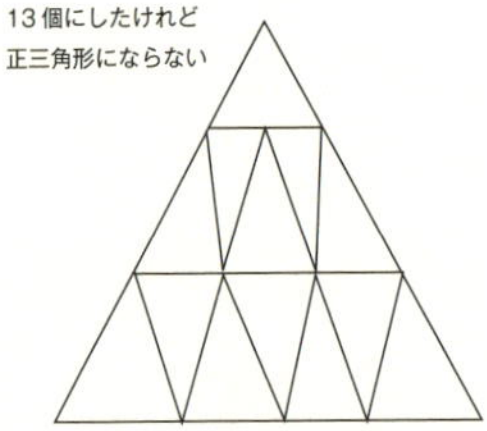

③

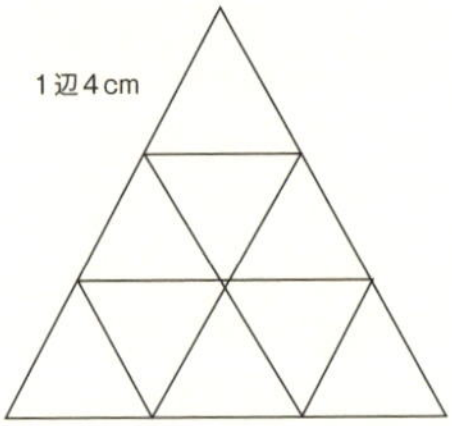

②

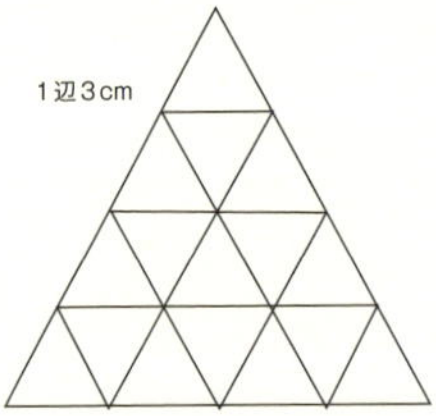

④

から3.5㎝っちゃう?」という声が漏れてきた。すると、樋口さんは、突然、挙手していないゆうすけという子どもに向かって、「ゆうすけさん、(ノートをここに)持ってきて」と、自分のノートを持って書画カメラのところに来るように促したのだった。

なぜ、樋口さんはこのタイミングでゆうすけのノートを子どもたちに見せようとしたのだろうか。そこには、授業をする上での心構えと、そうした方がよいと判断した考えがあった。

実は、グループの学びにおいて課題探究の決め手になるようなことをゆうすけがしていたのである。彼は、1辺が3㎝の正三角形に分ける作業をしていた。この分け方だと当然16個になるのだが、そうして描いた三角形の数を底辺のところから上に向かって数え始めてふと気づいたのだ。2段目まで数えたところで12個になっていることに。13個まではあと1個。ところがその上にはまだ4個も三角形がある。思案していた彼は、何気なく、それより上の段に引いた線を消しゴムで消し始めた(下図参照)。13個にするには、これらの線がなければよいのにと考えたにちがいない。その様子をグループの間を回っていた樋口さんが目にとめた。樋口さんは、そっとゆうすけに語りかける、「どうして消したの?」と(次ページの写真参照)。

ゆうすけは、「この線があると13個を超えちゃうから」と答える。彼に大きさが異なる正三角形を混ぜれば13個に区切ることができる

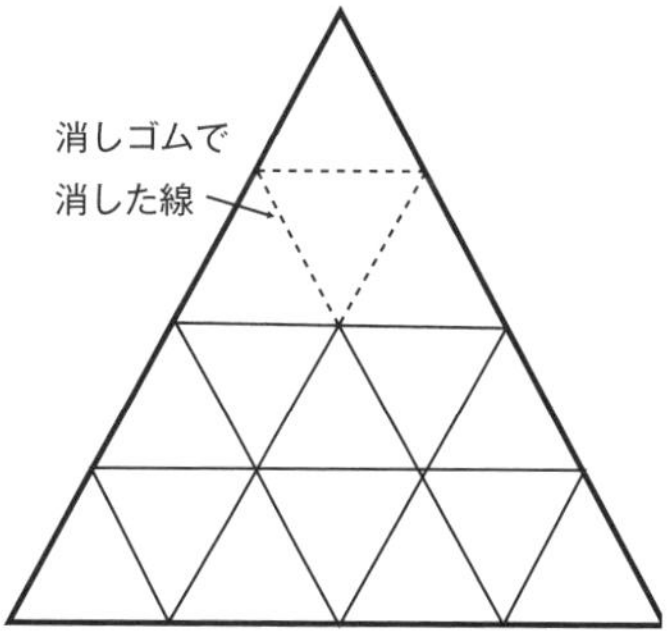

という明確な考えがあったわけではない。ただ、13個にするにはこれらの線が邪魔だと思ったに過ぎない。このとき樋口さんは、それ以上何も言わず、ほほえみだけ残してゆうすけから離れている。

そのゆうすけのしたことをここで全員に見せようというのだ。それは「教師の考え通りわからせたいと考えるのではなく、こういうことだけは避けようと考えて授業する」という心構えが樋口さんにあったからである。グループによる子どもの探究は教師の思い通りにはいかない、だから、こうしたい、こうしなければと考えると、子どもの探究の邪魔をしてしまうし、子どものよい発想・発見を潰してしまう、だからそういうふうには考えないようにしよう。けれど、探究が頓挫するようなところに足を踏み入れることは避けなければならない、樋口さんはそう考えて授業に臨んでいたのだった。ゆうすけを指名する直前、一部の子どもがつぶやいた「3.5㎝っちゃう」こそが、樋口さんが避

「どうして消したの？」

けなければならないと考えていたことだった。三年生の子どもを小数で考えさせれば混乱する、けれども、その考え方を頭から否定するのはよくない。そうではなく、子どもの目線を変えたい、それには、ゆうすけのしたことをここで持ち出すことだ、樋口さんの判断はそういうものだったと思われる。

指名を受けたゆうすけは、スクリーンに大写しにしたノートを指し示しながら「ここ（消しゴムで消した部分を指し示して）で13個を超えていたから……（同じように正三角形に区切ることを）やめました」と語った。彼には、消しゴムで消した部分が一つの正三角形になって、それを底辺から2段目までに区切った12個の正三角形と合わせると正三角形が13個になっているという認識はまだない。だから自分のしたことをそのまま話すのが精いっぱいなのだ。樋口さんはそれを承知で彼のやったことをやった通り発表させたのだ。ゆうすけの気づきをつないでくれる子どもがいるにちがいない、そう思っていたからだろう。

案の定、一人の子どもがその樋口さんの期待に応える。ゆうすけの説明を受けた樋口さんが「（ゆうすけくんの気づきは）すごい宝物」とつぶやくように言った瞬間、エミがつぶやいた。

「あっ……、正三角形の大きさがちがってもいいのかな?」

一瞬、沈黙が教室を包む。そして、子どもの中からエミに対して「もう一回言って」という言葉がかけられる。エミは、今度ははっきりした声で学級のみんなに伝えるように言う。

「別に（正三角形の）大きさがちがってもいいんじゃないかと思いました」

そのエミの言葉が終わるか終わらないうちに、何人もの子どもから「あっ!」「あぁ~」という弾むような声が出る。子どもたちは気づいたのだ。そして、その気づきを語り出す。

「ちがう(大きさの)正三角形でもいいってわけか」

「わたしもエミさんと同じで、3cmの正三角形があっても、4cmの正三角形があっても(13個になれば)いいんじゃないかと思いました」

「(問題文には)13個って書いてあるだけや。(大きさについては何も書いてない)」

子どもたちの表情は一変した。子どもたちの頭の中に、大きさの異なる正三角形で13個に分けるという考え方はここまでなかったのだ。だから、同じ大きさの正三角形で分けることができなくて四苦八苦していたのだ。ゆうすけの行為は、その四苦八苦さの中から生まれたものであり、樋口さんがそれを見逃さなかったことからこの瞬間が生まれた。

簡単に解けるようなものでは「ジャンプの課題」にはなりえない。よい課題であるほど、最初、子どもたちは苦労する。解けそうで解けない、わかりそうでわからない、ひょっとすると最初はどうしてよいか皆目わからないということだってありうる。それが適切な「ジャンプの課題」なのだ。そこにこそ「学び」の本当の面白さがある。こうだろうか、こうすればどうだろうかと、互いの考えを出し合い聴き合いながら、グループの仲間と突き詰めていく、それこそが探究の醍醐味だからだ。樋口さんのこの授業では、その探究によって、ゆうすけの消しゴムで消すという行為が生まれ、それがエミのひらめきにつながり、それによって子どもたちは進むべき道を発見したのだ。

「じゃあ、もう一回グループになってやっていって」

樋口さんは当然のように、再びグループによる学び合いをするように促す。子どもたちは勢い込んでグループの取り組みに戻っていく。

こうして、授業後の休憩時間までグループによる取り組みをやめなかった子どもたちは、学級全員が13個の正三角形に分けるまでやり遂げたのであった。その結末に授業を観ていたわたしは感動した。そして、その結末の道を開いた前述したシーンが強く心に残った。そこに、「ジャンプの課題」の良さ、グループによる「協同的学び」の大切さ、子どもが探究する学びのダイナミックさ、そしてそういう子どもの学びを支える教師の課題に対する見識と子どもの事実をみる「目」の的確さがあったからである。

(3)　互恵的なグループの学びがもたらすもの

この授業にもう一つ、感動的な出来事が生まれていた。

寄り添って学び合う子ども

かずしという子どもと彼のグループのことである。そのグループは教室の後ろの窓側にあった。そのすぐ横に授業を参観する教師のための椅子が置かれていた。その椅子にこの学校の松本吉弘校長が座って参観しておられた。感動的な出来事は、まさに松本校長の目の前で繰り広げられた。

下の図を見てもらいたい。これは、課題が出たすぐ後、グループで取り組んだ一〇分間のうちにかずしが描いたものである。一本一本の線がゆがんでいるのは、教師が配付したプリントに印刷されている1辺が12㎝の正三角形の中に描いたものではなく、プリントの裏にフリーハンドで試し描きしたものだからである。

よく見ると、彼は、1辺が3㎝の正三角形で区切ろうとしている。定規を使わずとりあえず描いてみたものなので引いている線に正確さはない。だから、区切られた一つひとつが大きさも形も不ぞろいだし、三角形ではないものもある。おまけに右側の辺の線が消えかかっている。どうやら一旦引いた線を消しゴムで消したりして考えていたようである。この不ぞろいさと消された線が、グループの他の子どもたちに印象的にうつる。

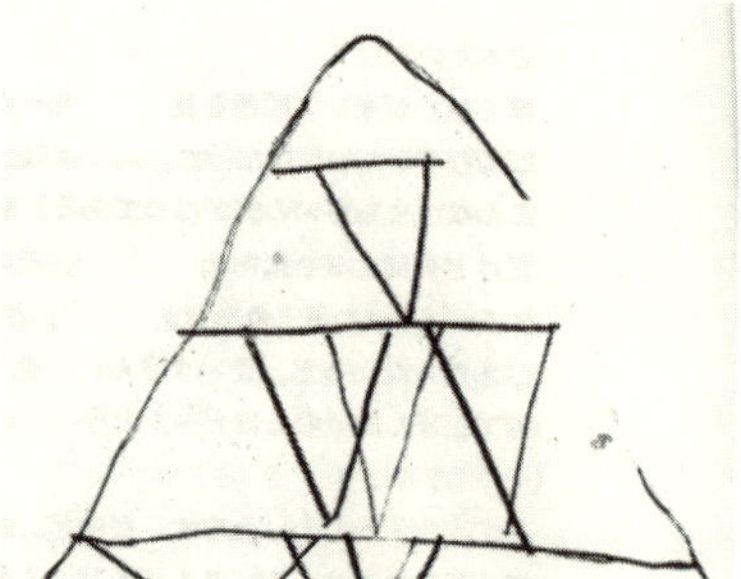
かずしが描いた図

樋口学級のグループの学びは、できた子どもができていない子どもを教える、いわゆる教え合いではない。すべての子どもがわからなさを出し、すべての子どもが互いの考えを聴き合って、ともに探究する「学び合い」である。だから、子どもたちは自分たちのグループのだれのどんな考えをも知ろうとする。かずしのグループもそうだった。かずしの描いている図をグループの他の子どもが見たとき、彼らは、正確に描いていないというマイナス面を指摘するのではなく、「区切った正三角形に大きいのと小さいのがある」ことを見つけたのだという。

もちろん、この時点で「大きさの異なる正三角形で区切ることで13個に分けることができる」という考え方に気づいたわけではない。それは、この後、消しゴムで線を消したゆうすけの行為から引き出されたエミの気づきによって感動的に姿を現したということは前述したとおりである。わたしがこうしてかずしのことを知ってもらおうとしているのは、エミの気づきより前に、エミが見つけた考え方の伏線になるようなことに一人の子どもが気づいていて、それがグループ内で大切にされていたことを知ってもらいたかったからである。「子どもが探究する学び」は、こういう出来事の誕生と連なりによって可能になると思うからである。

かずしの考えが授業の表舞台に出ることはなかったし、かずしの描いたゆがんだ線の試し描きの図がみんなの前に映し出されることもなかった。だから、この事実は、一つのグループの中でひっそり生まれた小さな出来事に過ぎなかった。わたしがそれを知り得たのは、かずしの横で一部始終を見ておられた松本校長が感動的なこととして話してくださったからである。いつも子どもを見ている校長として、子どもがこんなに夢中になって取り組みこんな気づきを生みだしている、そして、そんな一人の子どもの考えがグループの仲間に受け止められている、それがうれしくてならなかったとおっしゃった。もちろんそれは子どもたちにとっても心に残る出来事だったようである。授業後に綴った子どもたちの「振り返り」にそれがよく表れている。

わたしはさいしょに「12㎝で13こ？」と思いました。わたしは、さいしょに4㎝でやってみました。でも、9こしか正三角形ができませんでした。みんなで、まちがった辺の長さを見せあいました。その時、エミさんが「4㎝のと5㎝のといろいろな長さでもいいんじゃない？」と話してくれました。そして、わたしは「そっか！」と思いました。そして同じはんのやすみさんが「わかったかも！」と言いました。「どういうこと？」ときくと、「上の正三角形が6㎝で下が3㎝や！」と言ったので、やってみると、きちんと正三角形が13こできました。そして、大きい三角形はどこにかいてもいいとわかりました。

グループ全員がなっとくできたのでよかったです。

かずしさんがさいしょ、じょうぎではからずにかいて、やすみさんもかいて、はじめは「まさか～」と思ったけど、かずしさんが大きいのと小さいのをかいていたのでさんこうになりました。

これは、なぎさという子どもの「振り返り」である。

なぎさは、エミの「大きさのちがう三角形でもいい」という考えによって「そっか！」と気づいたこと、その後、グループで学び合って取り組んだことを思い出しながら綴っている。こういう「振り返り」の書き方によって、子どもたちは、仲間とともに学び合う学びのよさを実感的に受け止めていける。

それはさておき、この文章の後半、かずしのことについて書いているところに注目してほしい。なぎさはエミの考えによってこの難問を解くことができたのだが、そのエミの考えが自分たちのグループのかずしの描いていた大きいのと小さいのが混じっている図とつながっていることに気づいたのだ。彼女は、そのとき「まさか～」と思ったと書いているが、それは本音だったにちがいない。なぎさは「それって、かずしさんがしていたこととおんなじ？」と気づいたのだ。あのすごいエミの気づきが自分のグループでも生まれていた、それは目の前のかずしがしたこと、そう思った瞬間「まさか～」という思いがぱあっと浮かんできたのだろう。

なぎさは、かずしのしたことがどんなに素晴らしいものであったかこのとき気づいたのだ。彼女はきっと「かずしさん、すごい」と思ったことだろう。そう感じたのはなぎさだけではない。このグループのもう一人のやすみという子どもは、かずしの考えだけでなく、その考えを思いついた彼の取り組み方に感心している。

かずしさんがいっぱいうらにかいていたのは、答えににているのもあって、一人でじっと考えていたのはすごいな、と思いました。三角ではないけど13こにわけていました。

グループによる「協同的学び」を取り入れる教師は増えている。しかし、すべての子どもが、それぞれの考えを、わからなさも間違いも含めて、尊重し、寄り添い合って、支え合ったり、みんなで突き詰めようと夢中になったりしなければ、すべての子どもの学びの深まりにはつながらないということを教師はしっかり認識しなければならない。

かずしという子どものグループで生まれた学びは「互恵的」である。教える子ども、教えられる子どもが固定していない。どの子どもも仲間から学んでいる。そこに存在するのはお互いを尊重したり支えたりする「ケアし合う関係」である。「学び合う学び」「協同的学び」は、「互恵的」になったときようやく本来の意味に近づいたと言える。そういう意味で、こういう教室の片隅で生まれている小さな出来事にこそ、「学び合う学び」「協同的学び」の可能性があるのではないだろうか。

かずしという子どもについて、後日談がある。その年度の最後の日のことである。修了式を終えた子どもたちは、それぞれの教室で一年の締めくくりを行っていた。松本校長は、そういう教室の一つひとつを見て回っていたそうである。

三年生の教室に入ったとき、松本校長の目に涙を流しているかずしが飛び込んできたのだという。彼はこの学級が終わってしまうと言って泣いていたのだった。松本校長はそんなかずしのことがいとおしくてならなかったという。

本物の「学び合う学び」が生まれた学級ではこんな心打たれる出来事が生まれるのである。「協同的学び」「学び合う学び」は、子どもたちをそこまでの思いにさせる、それは子どもたちにとって何ものにも代えがたい魅力あふれるものだからである。

2　言葉に出会う音読とその聴き合いから読みが深まる

読み取りと称した解釈を出し合う、いわゆる「話し合い」に終始する文学・詩の授業をそろそろ終わりにしなければならない。それは、文学・詩の読みは、どれだけ作品の言葉を味わえたかで決まるからである。

もちろん、解釈は言葉に即して生み出すものであり、言葉とかけ離れた思いつきは解釈とは言えない。だから、どの言葉をどう読むか、どの文から何が読み取れるかと考えることすべてがよくないというわけではない。そうすることで、その作品の味わいが深まることはもちろんある。わたしが言っているのは、授業において子どもたちにやらせている「解釈の話し合い」が、作品の味わいを深めるどころか、理屈に走らせたり、実体のない空っぽの言葉を使わせたり、勝手な想像で読ませたり、果てはわいわいがやがやと言い合うだけのおしゃべりの時間になり、作品の味わいとは程遠いものにしてしまっている傾向に対してである。

わたしは、いま、作品を声に出して読む「音読」がもっとも大切でもっとも必要な活動だと考えている。もちろん、それは、かつて多くの教師がしてきたような、家庭で○回練習してきなさいというような音読ではない。言葉に触れ、言葉の連なりに心を動かし、そのことによって生まれる作品世界の状況を味わう、そのための「音読」である。ところが、学校の授業で行われている国語の授業において、そういう「音読」が豊かに行われているかというと、そうとは言い切れない。授業の最初にお決まりのように一回だけ音読し、その後ずっと「話し合い」に終始し、最後に「それでは今日勉強したところを読んでもらいましょう」と形だけの音読をして終わる授業のなんと多いことか。極端な例だと、おしゃべりのような「話し合い」が長引き、作品の言葉に戻る大切な音読をしないで終わる授業すらある。

わたしたちは、そういう文学の授業からの決別が必要である。トータルすれば授業時間の半分近くを音読に費やし、その音読から受けた思いや生まれた考えを聴き合うことで作品世界の味わいを深める授業を目指さなければならない。

これから紹介する三つの授業は、ともに音読することで読みが深まった事例である。

(1) 音読をすることで読み飛ばしていた大切な言葉に気づいた授業
——小学校三年「モチモチの木」の授業

山奥の一軒家でじさまと二人で暮らす豆太という子どもが主人公の物語、それが「モチモチの木」（斎藤隆介）である。物語の中ほどに普段は屈強なじさまが腹痛を起こす場面がある。そこで、じさまの異変に気づいた豆太が、医者様を呼びに夜道に走り出るという、いつもの臆病ぶりでは考えられない行動をとる。この日子どもたちが読んでいたのはその場面だった。授業者は、三重県伊賀市立河合小学校（現在は学校の統廃合により阿山小学校）の岡山薫さん（現・伊賀市立三訪小学校）である。

豆太は見た
豆太は、真夜中に、ひょっと目をさました。頭の上で、くまのうなり声が聞こえたからだ。

「じさまぁっ」

むちゅうでじさまにしがみつこうとしたが、じさまはいない。

「ま、豆太、心配すんな。じさまは、じさまは、ちょっとはらがいてえだけだ」

まくら元で、くまみたいに体を丸めてうなっていたのは、じさまだった。

「じさまっ」

こわくて、びっくらして、豆太はじさまにとびついた。けれども、じさまは、ころりとたたみに転げると、歯を食いしばって、ますますすごくうなるだけだ。

「医者様をよばなくっちゃ」

豆太は、小犬みたいに体を丸めて、表戸を体でふっとばして走りだした。（以下略）

岡山さんは、授業の始まりから何度も音読を入れながら読み進めている。その中ほどで、「どんなことが起きたの？」と尋ね、豆太の枕元でくまみたいにうなっていたじさまのこと、そのじさまにしがみつこうとした豆太の様子を語らせている。それは、どこまで読めているか、どこの読みが不足しているかという読みの状況を見定めるためだったと思われる。

子どもたちはこの場面でどんなことが起こったかの概要は読めているようだ、けれども、どんなことが起こっているかという豆太の状況把握が刻々と変わり、そこから「医者様をよばなくっちゃ」が生まれ出るのだが、そこに至る具体的な読みが曖昧になっているのではないか、岡山さんはそう判断したのだろう、「どんなじさまのすがたが豆太の目に映っていたのかな？」と尋ねて、再度音読するように仕向けた。

それでも、子どもの読み描きは曖昧さから抜けきらない。それがわかったのは、次のような友香の発言が出たときである。

「豆太はじさまに何もしていないし、急にすごいくまみたいなうなり声が聞こえているから、それぐらいおなかが痛いんやと思った。でも、急におなかが痛くなったし、豆太はなんにも知らんから、どうしていいかわからんだけど、おなかが痛いんやったら医者様をよばなくっちゃって思ったんやと思う。……じさまは、くまみたいなうなり声するくらい痛いなって思ったけど、それでもじさまは『心配すんな。じさまは、じさまは、ちょっとはらがいてえだけだ』って……、だから、心配しやんといてっていう気持ちがあるなと思った。でも、じさまがくまみたいにうなっているから、だから、医者様をよんできたと思う」

友香は、「くまみたいなうなり声」ということを三度も言っている。友香は、豆太にとってじさまの「くまみたいなうなり声」は大変な驚きだった、そのくらいの声だったから「医者様をよばなくっちゃ」ということになったのだと読んでいるのだ。

それはその通りである。しかし、その友香の読みに曖昧さがある。それは、決然と「医者様をよばなくっちゃ」とかけ出す豆太の瞬間的な状況が読めていないということである。他の子どもたちはどうなのだろう。

「じさまにしがみつこうとしたけどいいひんかった（いなかった）から、心配になった」

「うーん、ちょっとちゃう（違う）。……わからん。微妙な……」

「豆太は、じさまがくまみたいに枕元でうなってて、じさまがいなくなったらいややから、医者様をよびに行った」

一人目の子どもが述べている「豆太がじさまにしがみつこうとした」は、「くまがいる」と思った最初のときのことである。そこからは「医者様をよばなくっちゃ」に直接つながらない。だから、次に指名を受けた子どもが「ちょっと違う」と言っているのだ。けれども、その子どももそのわけを明確に話せない。その次の子どもが取り上げているのは、枕元でうなっているのはじさまだとわかったときの状況だから、そこからは「医者様をよばなくっちゃ」につながる。けれども、豆太はそう気づいた直後、「こわくて、びっくらして、じさまにとびついた」という行動をとるのだが、そこが抜けている。つまり、「医者様をよばなくっちゃ」とかけ出す瞬間的な状況が読めていないのは、友香だけではなかったのだ。他の子どもたちもこの場面の状況がおおまかにしか読めていなかったのだ。

岡山さんは、そのことをはっきり認識する。そして、とった行動は、一人の子どもに音読をさせ、その音読を全員に聴かせることだった。

「もう一回（ここの場面を）読んでもらおうかな。『ま、豆太』から『よばなくっちゃ』まで。みんな、そこ、見て」

教師の指名を受けた一人の子どもが音読をする。ていねいに、ゆっくりと。

その音読が終わった瞬間、雄一郎が手をあげた。そして、考え考え、次のように語った。

「じさまのおなかが痛いのが、その……、あとで……もっと痛くなった」

音読を聴くことによって雄一郎は気づいたのだ。豆太にとびつかれたじさまの腹いたが「ますますすごくうなるだけ」になっていることに。岡山さんは雄一郎に尋ねる。「どこでわかった？」と。雄一郎が答える。

「うなって、歯をくいしばって、ますますすごくうなるだけだ」

その瞬間、何人かの子どもから「あ〜」というつぶやきが漏れてきた。他の子どもたちも、その一文に気づいたのだ。子どもたちは次々と語りだす。

「じさまは、おなかがいたくなって、豆太は、一瞬、どうしようもないと思った」

「どうしようもないっていうのは……。どうすればいいのか、まず、医者様をよばなくっちゃって思ったけど、ちょっと待っといてって言わなあかんし、急がなあかんし、めちゃくちゃになっている」

「普通に、ちょっと……本当に……まあ……おなかが痛いのは、あの……ちょっとだけ痛いだけやったら、『大丈夫やから、大丈夫、大丈夫』みたいな感じになるけど、『ちょっとはらがいてえだけだ』って書いてあるけど、本当は、その……ちょっとだけじゃなくて、すごく痛いっていうのがわかる」

「枕元で最初うなっていて、それで、畳の部屋まで転がってから、ますます痛くなったから、だから、転がったのが原因か、からだを動かしたから痛くなったのかわからへんけど……」

彼らの目は、明らかに、「こわくて、びっくらして、豆太はじさまにとびついた。けれども、じさまは、ころりとたたみに転げると、ますますすごくうなるだけだ」に注がれている。それは、彼らの目にこの状況のじさまのすがたが映っていることを示している。それは、ここまでの状況になったとき、豆太の中に「医者様をよばなくっちゃ」という思いが生まれたと気づいたということも表している。

読みは、作品の言葉に出会い、そういう言葉と言葉のつながりに心をはせ、言葉の連なりから生まれてくる状況に身を置いたとき、くっきりと浮かび上がってくる。そのとき、子どもたちは、初めて作品の味わい手になれる。そのために、作品の言葉に出会うために、一つひとつの言葉を、からだを通した肉声に乗せて読む音読がなんとしても必要なのだ。そして、そういうふうに読まれる音読を、からだの中に沁み込ませるように受け入れる「聴く」という行為が必要なのだ。

雄一郎が、再びつぶやくように口を開く。

「豆太にとっては、……（じさまが）死ぬって思う。……そのくらいのこと」

じさまのおなか痛がもっと痛くなっていることに最初に気づいたのは雄一郎だ。しかし、そのときの話し方は、考え考え、つっかえつっかえしながらのものだった。それは、彼の気づきが直感的なものであって、まだ明確なものではなかったことを表している。それが、その後に出された何人もの発言を聴くうち明確になっていったのだ。彼は仲間の発言を聴きながら、さらに何度も文章の言葉に触れたにちがいない。そうして、彼の目には、苦しむじさまのすがたも、そのじさまの前で立ちつくす豆太のすがたもますますはっきりと映ってきたにちがいない。その結果、この瞬間、豆太は、じさまが死ぬのではないかという恐怖に直面したと感じられてきたのだ。この時点で、雄一郎自身が豆太になっていたのではないだろうか。作品の言葉に出会ったとき、子どもたちは、こんなにも鮮明な読み描きと作品の味わいをつくり出すのである。

もう一つ、「モチモチの木」の同じ場面の忘れられない授業がある。

教師の解釈を教えるのが文学の授業ではない。読むのは子ども、それも一人ひとりに微妙に異なった味わいが生まれる、その違いを言葉に触れながら聴き合い学び合うのが文学の授業だ、それを地で行くような授業である。

授業をしたのは愛知県小牧市立小牧原小学校の金森峰子さん（現・小牧市立篠岡小学校）。わたしがこの学校を訪問するようになった一年目、二〇一六年一月、その授業が行われた。

小牧原小学校ではその前年度から「学び合う学び」の取り組みが始まっていた。前任校で「学び合う学び」を推進してきた木村芳博さんが校長として着任してこられたことによって生まれたことである。

年度当初、小牧原小の教師たちは、教える授業から「学び合う学び」へ、一斉授業方式からグループを多用する協同的学びへの転換に戸惑っていた。それは、これまでわたしのかかわったほとんどの学校の初期のころに生まれる状況だった。無理もないことである。これまでわかりやすい授業を目指して、ひたすら教え方の技術を磨く研修を積んできたのだから。

小牧原小の教師たちは実に誠実だった。誠実なだけに、自分たちの授業と「学び合う学び」とのギャップに戸惑い、うまく転換できないことへの焦りも感じていた。けれども、わたしには焦りはなかった。これまで同じような状態に陥った学校にいくつも対応してきた経験があったからである。この戸惑いの中から、必ずきっかけが生まれる、何人もいる教師たちの中から、だれかが突破口を開く、しかもかなり衝撃的に、そう確信していたからである。

金森さんの授業が始まって驚いた。金森さんが言葉短く投げかければ、子どもたちが次々と読みを語り出したからである。しかもそれぞれの発言をどの子どももよく聴いている。だから、子どもの考えと考えにつながりがある。金森さんは、そういう子どもたちの読みを、ほとんど言葉を差し挟むことなく、やわらかな表情で一つひとつ大切に聴いている。それは、教師の発問に答えさせる一斉授業方式の授業とはまるで違う光景だった。

文学の読みの場合、何人もの子どもが自分の読みを語れば、自ずと微妙な違いが表れる。それこそが文学の読みを聴き合う醍醐味である。金森さんは、その醍醐味を楽しんでいるような表情である。その様子を前に、やっぱり小牧原小にもこの時が来た、これを待っていたのだとうれしくて仕方がなかった。

ところが、喜んでばかりはいられなかった。一人の子どもが他のどの子どもも考えていない読みを出してきたからである。

授業の中ほどに差しかかったときだった。正樹という子どもが次のように発言した。

「『ま、豆太、心配すんな。じさまは、じさまはちょっとはらがいてえだけだ』というところで、じさまはおなかが痛いんだけど、それで、豆太がちょうど起きて。じさまに話しかけてきたから、それに答えたんだけど、おなかが痛いから豆太が医者さまを呼びに行くとじさまは思っているから、それをちょっと……なんか、劇みたいに嘘ついた」

読みの違いを聴き合う

じさまの腹痛は劇みたいな嘘……それはあまりにも唐突だった。けれども、どんな考えでも聴くという学びの作法が身についてきた子どもたちである。そう言われればそうとも思えるとばかりに二、三人の子どもが同調する。けれども、大多数の子どもは、じさまの腹痛が嘘かどうかには触れないで、その時豆太はどう思ったかの読みの方に向かう、次のように。

「ぼくは、豆太が、飛び出した後の絵で、あの、『ちょっと腹がいてえだけ』って言ったけど、えっと、豆太を安心させたいだけで、もし違う病気だったらどうしようと豆太は思って、えっと、びっくりしていて、『医者様を呼ばなくっちゃ』と言った」

こうして授業は、そのまま、豆太の側からの味わいで進んでいった。

授業時間が残り七、八分になったときだった。金森さんは二人の子どもに音読をさせた。読み終わった途端、一人の子どもがぼそっとつぶやいた。「歯を食いしばって、ますますすごくうなってるんだ」と。それは、ますますすごくうなるじさまの姿がその子の頭の中に浮かび上がっているということを示していた。杏里がこのつぶやきを受けてこう発言する。

「『ころりとたたみに転げると』のところで、ここの豆太とじさまが写っている絵は、豆太とじさましか写ってないけど、ふとんのところで『ま、豆太、心配すんな。じさまは、じさまは、ちょっとはらがいてえだけだ』のところは、たぶん、まくらもとって書いてあるから、まだ布団のところでもっと痛くなったから、畳のところに転がって、もっと痛かったから歯を食いしばったりしたんだと思います」

その時だった。「じさまの嘘」と言った正樹の手が勢いよくあがったのだ。正樹は言う。

「『ころりと』のところで、……じさまは嘘をついて、モチモチの木の山の神様の祭りを見させようと思ったから……」

正樹の「嘘」説は、数分の間にさらに深化していた。嘘は豆太に山の神様の祭りを見させたいというじさまの願いからなのだと……。けれども、深化していたのは正樹だけではなかった。どんな考えも尊重して聴くという聴き方をしていた子どもたちなのだけれど、これには黙っていられなかったようで、二人の子どもが真剣な表情で、正樹に視線を向けて次のように言った。

「じさまはおなかが痛いのに、どうして嘘ついたの?」

「ぼくは、嘘をついていないと思う。こんなに間とか、間があって苦しそうに言って……、じさまの顔を見たら……（正樹に向かって）嘘じゃないって!」

これは、まさに文学の読みの多様さを表す事例である。二つの考えの、どちらが正しいと断じることはできない。ほとんどの読者は、じさまにそこまでの策略はないと読むだろうけれど、腹痛は本当だったとしてもそれを利用して芝居をしたのだ、そこにかわいそうでかわいい豆太に対するじさまの思いがあるのだと読むことを否定はできない。正樹は豆太をこよなくかわいがるじさまの側から読んでいたのだ。それがわかっているから、金森さんはどちらかに決めることはしない。最後に音読をさせてそれを聴いて授業を終えている。一人ひとりの読みに委ねたのだ。

この授業の、小牧原小の教師たちにもたらしたインパクトは大きかった。子どもたちがこんなに夢中になって読むのだ、こんなに真剣に聴き合うのだ、そして、子どもが自分の考えを語り出したとき、教師の予測を超える思わぬ読みが姿を現す、それは、教師の解釈を教える授業とは全く異なる世界である、だれもがその事実を目のあたりにした。

金森さんのこの授業は、教える授業から子どもが学び合う学びへの転換を目指す小牧原小にとって記念碑的なものになった。そして、授業がこのように転換するとき、教師は徹底して子どもの考えを聴いていることにどの教師も気づいたのだった。学びは聴くことによって生まれる、それはこの日までに共通理解できていた。けれども、聴くことの大切さは子どもだけのことではなかったのである。教師こそが実行しなければならないことだったのである。

ところで、この授業でもう一つ重要なことが生まれていた。それは要所要所で音読を入れてテキストの言葉に触れ直すことの大切さだった。文学の読みの深まりはテキストの言葉に触れる密度の濃淡で決まる。言葉に深く触れるには、肉声に乗せて読む音読が必須である。金森さんの授業の最後に正樹が再度あの発言をしたのも、その正樹の考えに強く反応した二人の発言が出たのも、音読をしたからである。音読を忘れた文学の読みは一般的・表面的なものにしかならない。言葉に触れる音読をすることによって作品の世界を味わうことができるのである。

(2) 音読とその聴き合いで、味わいが深まっていく
――小学校一年国語「がぎぐげごの　うた」の授業

読み取りと称するいわゆる解釈を子どもに語らせることなく、ただ、繰り返し音読をすることで、子どもたちが声に出して詩を味わうことを堪能した授業がある。「がぎぐげごの　うた」（ま

ど・みちお）という詩を読む授業である。授業をしたのは、熊野市立有馬小学校の岩本美幸さん（現・熊野市立金山小学校）である。

がぎぐげごの　うた
まど・みちお

がぎぐげ　ごぎぐげ　がまがえる
がごがご　げごげご　がぎぐげご
ざじずぜ　ぞろぞろ　ざりがにが
ざりざり　ずるずる　ざじずぜぞ
だぢづで　どどんこ　おおだいこ
だんどこ　でんどこ　だぢづでど

ばびぶべ　ぼうぼう　のびたかみ
ばさばさ　ぼさぼさ　ばびぶべぼ
ぱぴぷぺ　ぽっぽう　はとぽっぽ
ぱっぽろ　ぺっぽろ　ぱぴぷぺぽ

授業は子どもたちが入学して三か月が経過した七月に行われた。ということは、ちょうど五十音の学習を終え、濁音の学習に入った頃である。とは言ってもこの詩を読むことで濁音の学習をしようと考えたのではない。リズムに乗って声に出すことを楽しませる「言葉遊びうた」の一つとして取り上げたのであった。

授業が始まる。岩本さんが、黒板に詩を一行ずつ書いていく。子どもたちは、一文字一文字書かれるたびに声に出して読んでいる。子どもたちの目が生き生きしている。子どもたちはすぐ「がぎぐげご」の順に書かれているという詩の構成に気づき、次の行はどんなふうになっていくのかと楽しみにしているようである。

全文書き終わると、岩本さんが一人ひとりで何度も読んでみるように指示する。板書されている間、書かれる文字を追うように読んでいた子どもたちはその段階ですでにこの詩の面白さを感じていたから、めいめいで好きなように全部読んでよいと言われると、勢い込んで読み始めた。その声は、決して大きな声ではないけれど、それぞれに弾んでいる。子どものからだが心なしか揺れてきたようだ。詩のリズムが音読することによって子どもたちのからだを動かし始めたのだろう。

しばらくして、岩本さんは「一人で挑戦！」と言って、だれか一人に音読をさせ、それをみんなで聴くことにした。岩本さんの指名を受けて音読をした子どもは六人。驚いたのは同じ詩を読んでいるのに、一人ひとり読み方がちがうのだ。なんだか、後になるほど、読み声にリズムが出て、からだの動きも大きくなっている。そして、それを聴いている他の子どもたちが、まるで自分が音読しているかのようにからだを揺らし始めたのだ。音読をしている子どもの読み声の調子とからだの動きが、聴いている子どもたちに、この詩を音読する楽しさも、からだを動かす面白さも、そんな音読を聴くことの愉快さも伝えている。こうして教室中が「がぎぐげごの　うた」を読む楽しさで包まれていった。

授業時間の三分の二が経過したころ、岩本さんは次のように子どもたちに告げた。

「みんな踊りだしそうやから、好きにやっていいです。お友だちといっしょでもいいです。教室の後ろに行ってもいいです」

つまり、これから後の時間は、自分たちの好きなように音読を楽しんでよいと言ったのだ。それは、子どもたちに任せたということを意味している。詩の味わいは、自由にならなければできない。心もからだも、一人ひとりが自分の意思で使えなければできない。それができる状態まで持ってきた、子どもたちも乗りに乗ってきた、ここからは子どもたちに任せればよい、どんな表し方が子どもたちの中から生まれるか楽しめばよい、岩本さんはそう思ったにちがいない。そして、それは、この子どもたちならきっと素敵な表し方を生み出してくると信じていたからできたことだった。

子どもの多くは、二人、または三人になって取り組み始めた。教室の前でも、後ろでも、机と机の間でも、あちらでもこちらでも、嬉々として踊るようにして音読を始めた、その読み声は溌剌とし、からだは声に合わせてリズミカルに動いている。中には、読む所の役割を決めて群読風にしている子どももいる。実に多彩である。教師の指示通りにやらせている限り、こんな豊かな読み声も動きも、音読をする子どもの生き生きした表情も実現できないだろう。

授業の最後、そのようにしてつくり上げた音読をみんなの前で発表することになった。その三組目だった。のぞみとさらである。この二人は、自分たちで取り組む前に行われていた一人ずつの音読を聴いている際、からだの動きが全く出ていなかった子どもである。音読を聴く子どもたちの大半が、読み声に合わせて、からだを揺らせたり、太鼓を叩く真似をしたり、ぼうぼうになった髪の毛を手で表したりしていたにもかかわらず、二人ともほとんどからだを動かしてはいなかった。二人の席は離れているから、そうすることを示し合わせたわけではない。その二人が、自由にやることになったときペアを組んだというのは以心伝心といったところだろうか。

のぞみとさらがみんなの前で音読した。驚くべきことにいきなり二人のからだがリズムをとり始めたのだ。そのリズムに合わせて詩を唱え始める。声に弾みがある。それだけではなく、がまがえるになって跳びはねたり、力強く太鼓を叩く真似をしたりといったからだの動きまでつけ始めた。

それまでからだが全く反応していなかった二人である。その二人がいつの間にこんな表し方をつくり出したのだろう。それは、無意識のうちに「聴く・観る・学ぶ」という三つの行為を実行していたからにちがいない。二人は、仲間の音読を「よく聴き」「よく観て」「よく学んだ」のだ。からだの動きがなかったときは、それらの情報を自分のからだにたっぷり充電させているときだったのだ。

「学び合い」は、話し言葉による「対話」だけで可能になるのではない。音読を聴くことからも、観ることからも、どんなことからも、仲間のすることを受けとめることによって可能になる。

解釈と称する言葉の言い換えによる「話し合い」に終始する文学や詩の授業は、かえって作品の味わいをなくしてしまう。作品の言葉に出会い、その言葉を味わうために、作品に直接触れることのできる「音読」をもっともっと重視しなければならない。音読をすれば作品の世界が浮かび上がる。そのとき子どもたちからあふれ出る言葉には文学や詩を味わった実体がある。それを聴き合い学び合う。そしてまた音読をする。こうして一人ひとりの味わいが豊かになっていく、そういう授業でありたいと思う。

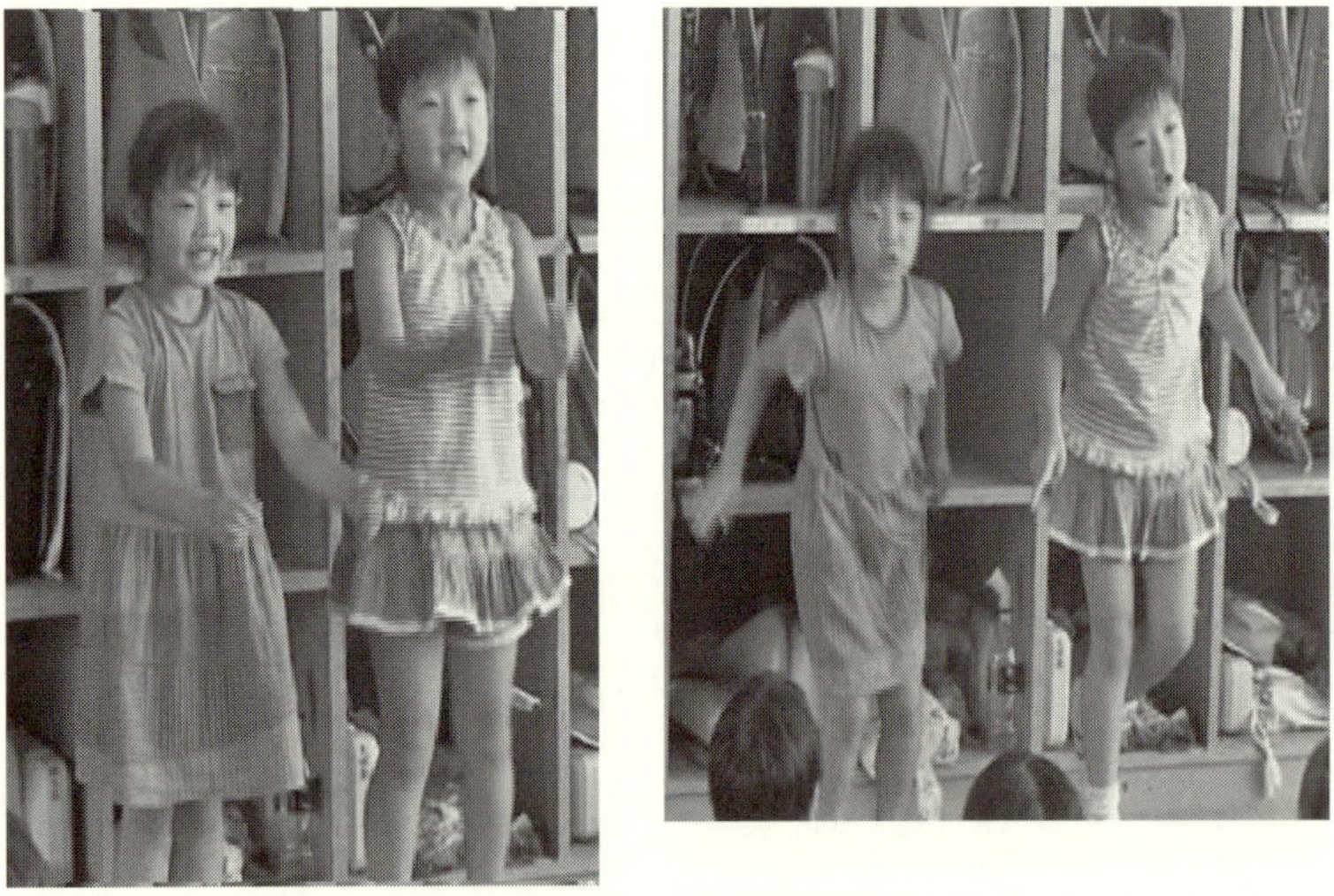

からだ全体で詩を愉しむ子ども

第2章　ペア・グループで学ぶ――一人ひとりが学ぶために

小畑公志郎

1　ペア・グループで読む――ていねいに読むために

(1)　協同的学びへ――グループで「聴き合う」

山本実奈子さんは大阪府和泉市立鶴山台北小学校に初任で赴任し、二年目の実践を「授業づくり・学校づくりセミナー」で報告している。三年生国語「あめだま」（新美南吉）の授業である。その報告に付けられた「音読からイメージを」という表題の文は次の通りである。

「このクラスの子どもたちは物語が大好きでした。三学期に『モチモチの木』の学習を終えたとき、たくさんの子どもたちから『もう、お話ないん？』と残念そうな声が聞こえてきました。そこで、最後にもう一つ、このクラスでお話をしたいなぁと思い、この教材を選びました。『あめだま』は、以前に絵本で読んだことがありました。わたしはさむらいのユーモアのあるあたたかい人柄が好きで、このクラスの子どもたちに合う気がしていました。

この授業では、言葉を意識しながら、音読することを大切にしました。そうすることで、情景や登場人物の様子をイメージできればいいなと思い、音読にじっくり時間をかけました。また、三年生最後のお話ということもあり、とにかく子どもたちの話をじっくり聞いて楽しみたいなと思っていました。手を挙げている子ばかり指名するのではなく、手は挙げていないけど、じっくり考えている子を指名するようにこころがけました。

この授業をビデオで振り返って、いろいろなことに気づかせてもらいました。グループになるときに時間がかかることを理由に机の向きをかえず、体だけを向き合わせて話をしていたのですが、本年度の二年生では机ごと向けてしっかり班の形にして話をするようにとりくんでいます」

これが全文であるが、この中に以下に採り上げる「蜘蛛の糸」や「ごんぎつね」の授業実践につながっていく山本さんの基本的な姿勢が記されている。

まず教材についてであるが、山本さんは「さむらいのユーモアのあるあたたかい人柄が好き」でこの物語を選んでいる。物語から教訓的内容を引き出そうとする読みをしないのである。また、この物語は光村図書では五年生教材となっている。だがそれを「このクラスの子どもたちに合う気がして」いたと三年生で取り組むのである。この感覚は六年生で「蜘蛛の糸」を採り上げる姿勢につながっている。

次に物語を読む授業についてである。「言葉を意識しながら、音読することを大切に」する。「情景や登場人物の様子をイメージ」できればと記している。言葉や文にふれて読み描き、味わうという読みに向かおうとしているのである。授業も確かにその方向を目指すものであった。

子どもたちについては、「とにかく子どもたちの話を聞いて楽しみたい」と思っているのである。子どもの発言をどう採り上げて、どうつないでと思っている教師は多いが、「楽しみたい」と思う教師は少ない。また、「手は挙げていないけど、じっくり考えている子を指名するようこころがけ」たとある。授業でもその意識は確かに見られた。これは子どもたちの表情やしぐさを見ていなければできないことである。そうしよう、そうしなければという思いを山本さんは少なくとも初任一年目の後半には、はっきりと持っている。

この「あめだま」の実践は山本さんが「協同的学び」への意識を強く持つきっかけともなっている。この授業も「グループになるときに時間がかかることを理由に机の向きをかえず」にいたのだが、それでは子どもたちのつながりが薄く、「学び」というには遠いと感じたのであろう、その後はしっかり机の向きを変え取り組んでいる。さらに「話をするよう」が一年後には「聴き合うよう」となっていくのだが、この実践が山本さんの「協同的学び」への本格的な取り組みへの出発点となったのである。

さらにもう一つ。先に引用した報告に付けられた文は全文であり、授業記録以外に付けられた文はそれだけなのである。子どもたちの様子や山本さんが「あめだま」をどう読んでいるかなどを少し詳しく記したものなどないのである。映像で、それに授業記録を付ければ、子どもたちのことも教師の読みも見て取ってもらえると、そう思っているのである。そういう思いのもとに余分だと思うものを省いているのである。

そしてこの姿勢は山本さんの授業実践に反映している。以下で採り上げる授業は共に八〇分をこえる長時間に及ぶものだが、無駄、余分だと思われるところがないのである。だから、わたしには短く感じられたりさえするのである。見ているわたしがそうなのだから、学んでいる子どもたちも全く長いとは感じていないようである。このシンプルなところも山本さんの授業の特徴である。

(2) 音読を中心に――「蜘蛛の糸」(芥川龍之介) を読む

公開研究会での授業である。授業で物語を読む時、授業時間の関係で毎時間というのは難しいが、二時間に一回、せめて三時間に一回は少々延びても構わないので全文を読みたいと、山本さんはそう思っているようである。この授業はそれにあたる。公開研究会で後の予定があるので、定刻より四〇分早く読み始める。これは事前に聴いていたので、わたしも教室に入って子どもたちの読みを聴く。前日テキストを配付したそうで、この日が実質一時間目にあたる読みである。

まずペアで読む。当然のようにどちらかが、あるいは二人共が指で文を追う。辰雄さんが漢字でよくつまる。その度に陽子さんの指が止まる。陽子さんがささやいて再び読みが動き出す。教科書には出てこない漢字も多いので陽子さんにも読めない漢字があるはずだがと近寄ってみると、陽子さんは読み仮名をふっていた。家で調べたのであろう。辰雄さんもそうだが、芳隆さんも漢字に加えて「お歩き」「おたたずみ」などが読みにくそうである。隣の芙美さんが「おたたずみ」とささやくと、「どういうこと？」と問い返しながら読んでいる。こういう情景があちこちのペアに見られるのだが、本気で、何とか少しでもイメージしたいと文に向かっているのがひしひしと伝わってくる読みである。

最後まで読んだペアはすぐ二回目の読みに入る。そうしてどのペアも一回は読み終えたというところで指名読みに入る。

芳隆さんが指名される。ゆっくり読む。山本さんもわたしもテキストは殆んど見ずに、子どもたちに目を向けながら聴いている。芳隆さんはつっかえながら読むのだが、わたしにはイメージをしやすい読みである。「おたたずみ」は芳隆さんにはとても読みにくいようである。山本さんの助けを借りて「はっきり見えるのでございます」まで

指名読みを聴く子どもたちと山本さん

読んだ。ここで山本さんは「『おたたずみ』は読みにくいのによく頑張ったね」とコメントして次に敬子さんを指名した。この後、直哉さん、寛さん、晴美さんと指名が続くのだが、山本さんがコメントをしたのはこの時だけである。それ以外は、「はい、そこまで。次は……」などという言葉も一切挿まず、子どもの名前だけを小さく言うのである。それで読んでいた子どもはここまでだと察し、指名された子は間をあけずに読み始めるのである。これはビデオで見ているとだれを指名したか殆んど聴き取れないようなトーンなのだが、山本さんから一番遠い位置にいる子も反応する。子どもたちにはそれで十分なのである。

山本さんは文の流れと子どもたちの文に向かう集中を切らない乱さないということを大切にしている。だから、指名も当然そのようになるのである。子どもたちも山本さんのそういう思いを受け取っている。

参観者に向けた公開授業の開始時刻となった。わたしはこの教室以外の授業を見て回らなければならないので後はビデオで見ることになる。

指名読みの後、各自が読む。この授業で三度目の全文読みである。読むことを第一と考える山本さんらしい授業である。それぞれが自分のペースで読んでいるのだが、ペア読みの時に少し速かった子どもたちの読みがゆったりしてきている。そのため読んでいるところが大きくは違わないという感じになっている。トーンは当然低い。

(3) グループで読む――思いを聴き合いながら

各自読んだ後、山本さんが「感じたこと、気がついたことをグループで聴き合って」と言い、グループになる。セミナーでの報告の通り、机は動き、しっかりとグループ型になる。

山本さんは「聴き合って」と言ったが、グループでの話は多くない。じっとテキストに目を向けていて、言葉や文からそこにある何かを感じ取ろうとしたり、イメージしようとしたりしているのである。どのグループもそういう時間の方がずっと長い。

そういう中で時に言葉や動きが出る。純香さんが文を指しながら何か言っている。聴いていた浩太さんの表情が何かに気づいたように動く。真吾さんが路子さんに何か訊いている。路子さんはすぐには応えず、文に目を戻す。しばらくしてからやはり文を指しながら何か言っている。口の動きの中に「かんだた」と見え

グループで音読し聴き合う子どもたち

るところがあるのと指している文のおよその位置から、「かんだた」が後からのぼってくる罪人たちに気がついたところあたりの話かと思われる。ここで子どもたちは何を感じているのであろうか。

瞳さんの手が動いている。揺れを表そうとしているようである。その動きから察すると、最後のところの蓮の「うてな」が「ゆらゆら」動いている様子を想像しているようである。晴子さんの手も動いている。だが、瞳さんの動かし方と違う。左右に小さく揺らしながら上下させている。糸の揺れをイメージしているようである。治さんが何か言った。晴子さんの目が文に戻る。おそらく「どこからそう思うん？」とでも言ったのであろう。糸が揺れる様子はどこにも書いてはいない。晴子さんは自分が持ったイメージをもう一度文に戻しているのであろうか。

そうするうちに音読が聴こえてきた。この時映像には入っていないのだが、声と位置からすると晴子さんのグループのようである。文に目を戻し黙読をしたが、聴き合いをきっかけに声に出して読んでみようとなる時があるようである。複数のグループから音読が聴こえてくる。その声から一人が読んでいる、それぞれが読んでいる、回して読んでいるというグループがあるのがわかる。山本さんの指示で読んでいるわけではないので、グループで文に向かいやすいと思われる読み方を選んでいるのであろう。

山本さんはこの年初任から五年目である。そして、グループで思いを聴き合いながら文に戻って音読をするという学びが見られるようになったのはこの年からである。山本さんの中で、物語の学びは読むことにあり、協同の学びの中核はグループにあるという思いが明確になってきたのであろう。そして子どもたちもまた、それを実感しているのであろう。

時間がきて、山本さんの「次の時間に感じたことや気づいたことを全体で聴き合いましょう」という言葉でこの授業は終わった。わたしも最後に再びこの教室に入ったが、八五分にも及ぶ授業で、子どもたちはよく文に向かい、そして文を離れずに学び合っていた。

(4) 読むことを中心に――「ごんぎつね」を読む

六年目に山本さんは四年生を受け持つことになる。公開研究会の日の授業は「ごんぎつね」(新美南吉・光村図書版) である。例によって四〇分程前から各自の音読が始まる。わたしは欠席している子どもの席でそれを聴いている。

子どもたちの読みは穏やかでゆったりとしている。山本さんは前に座っていて、子どもたちの読みに合わせるように頷きながら、気になっている子を中心に目を配っている。おそらく、後に読みで指名する子どもの何人かはここで目に留めているのであろう。

山本さんは子どもの読みで指名する時、挙手を求めない。一人目の指名からそうであるが，特に物語の途中で別の子を指名する時には決して挙手を求めない。物語の流れを止めない乱さないということを第一と考えているようである。だから間を置かず、名前だけを静かに短く、つぶやくように言う。これはビデオで見ていると殆んど聴き取れないことが多いのだが、山本さんから遠い位置にいる子も自然に読み始める。こういう雰囲気にするために、各自の読み、ペアでの読み、また指名された子の読みを聴きながら文に向かっている時の様子等に目を配り、心に留めているのである。これに普段の様子を加えて山本さんの指名は決まる。

わたしの近くの啓太さん、康代さんが二回目の読みに入った。雨の後、ごんが川に向かい兵十を見つける、その「ふと見ると、川の中に人がいて、……」あたりから読みが一層ゆったりとした感じになってくる。ここの情景を思い描こうとしているかのようである。やはり二回目の読みに入った洋一さんの読みが止まっている。目線は「川は、いつもは水が少ないのですが、……」辺りにある。少し戻って「ごんは、村の小川のつつみまで出てきました」から読み始める。後のグループでの学びの時に洋一さんは魚をとっている兵十とそれを見ているごんとの距離、水の深さなどについて話しているが、どうやらそれは「小川」が「川」になっているということが気になったというところからの流れのようである。

各自読みからペア読みとなる。テキストを二人で一冊にするので二人が寄り添うように文に向かっている。読みの苦手な尚史さんも隣の直子さんの指がさす文を見つめて読んでいる。読みが速くて雑な傾向がある哲次さんは隣のかおりさんのゆったりした読みを受けて各自で読んでいた時とは別人のような読みをしている。由紀さんと睦朗さんは二人して指で追いながら読んでいる。まさきさんは読みを止めて隣の由紀さんに何か話している。口に「つぐない」という動きが見える。由紀さんが頷いて読みに戻る。全体のトーンは低いが、更に低くなってきた。最後の場面に入ったペアがふえてきたのである。各自読んでいる時も最後の場面に入った時にはトーンが下がったが、ペアの時の方がその下がり方がはっきりとわかる。ペアで読むのは隣の子の読みを聴くということを大きな願いとするものであるが、隣の子の読みを聴いて感じ方が深くなった子が多くなったようである。

指名読みである。尚史さんが指名される。たどたどしく、しかし言葉の一つひとつをていねいに追う読みである。尚史さんの文の中に入ろうとする思いが伝わってくる。尚史さんの読みを聴いてわたしは他の学級の授業へと向かう。ビデオで見ると、哲次さん、睦美さん、雅宣さん、真弓さん、一郎さんが指名され読んでいるが、ていねいなゆったりとした読みであった。最後の場面で指名された一郎さんは、普段ややトーンの高目の子であるが、消え入りそうなトーンで読んでいる。ビデオ

友だちの音読を聴く

ではよく聴き取れないが、子どもたちは聴き入っている。

(5) グループで聴き合う――文に戻り、文でつながる

「グループで感じたことや気づいたことを聴き合って」となってグループでの学びに入った。「蜘蛛の糸」の時もそうだが、山本さんは「わかったことを」「わからないことを」「思ったこと（考えたこと）を」とは言わない。他の教科や国語でも他の領域の文や単元の時には言うのだが、物語を読む時にはそのような言い方は決してしない。山本さんの物語。文学に対する思いの表れである。

テキストに目を向けて、時にぼそぼそと話をしている。カメラが洋一さん、八穂さん、伸子さんのグループに近づいた。声も聴き取れる。洋一「ここに『小川』って書いてあるけど、一〇ページの絵は小川じゃない」、伸子「雨がいっぱい降ったからやん」。八穂さんが「ごんは、村の小川のつつみまで出てきました」から小声で読み始める。つられたように洋一さん、伸子さんも読み始める。伸子さんの読みが「川べりのすすきやはぎのかぶが、黄色くにごった水に横だおしになってもまれています」のところで一層ゆっくりとなる。この情景を思い描こうとしているようである。

啓太さん、康代さん、聖さん、萬理子さんのグループがアップになった。啓太「兵十とごんはどれくらい離れてるん？」、萬理子「えー！……、読んでみよ」。萬理子さんが「ふと見ると、川の中に人がいて」から読み始め、三人は聴きながら文に目を落としている。「こういうのが見え

てるんやから近いんと違う?」と康代さんが言う。「円いはぎの葉が一まい」や「しばの根や草の葉や、くさった木切れ」などを指しているようである。今度は四人が各自で読む。映像はまた動く。

授業当日、わたしはちょうどこの辺りでこの教室に戻っている。早速グループに近付く。まず尚史さんのグループである。尚史「ごんは言うたらええのに」、どうやら兵十と加助の帰り道のところのことのようである。直子「ごんはお話できないから」、尚史「なんで?」、直子「ごんのとこ、全部『思いました』か『考えました』やん。ほらここ」と「思いました」を指している。「それと、『白いぼうし』でやったやん。これ、ごんのとこ全部行替えてないやろ」と久義さん。「ごんのとこ初めからみてみよ」との直子さんの声で尚子さんを含む四人はごんの「　」のところを最初から読むことになった。

他の学校の四年生の授業でも見たことがある。そこでは全体で聴き合っている時、「ごんは言うたらええのに」「言いに行ったら殺されるやん」「なんか照れくさいし」と三人の男の子の発言が続いた後、挙手していない女の子が指名された。その子は、「ごんはお話できないと思う」と言った。授業者もそういうことは全く思ってもいなかったようだが、「どこからそう思うの?」と返した。その子は「わたしもたっちゃんと読んでいて気がついたんだけど」と前置きして、ごんの「　」はすべて「考えました」「思いました」となっていること、ごんの「　」はやはりすべて地の文との行替えがないことを話した。地の文と「　」文の行替えについて一番こだわって編集している光村図書版ではそうなっているのである。授業者は文に戻し、もう一度最初から読むことにした。ちなみにこの子が言う「たっちゃん」とは本稿ならば尚史さんのような子である。

山本さんの学級では四月の初めから文をていねいにていねいに読むようになっているので、こういったことは「白いぼうし」の時に気づいている。だからグループで確認するという程度のことなっていて、全体で聴き合っている時に「言えばいいのに」というような発言が出ることはない。

次に和久さん、李枝子さん、利宏さん、尚子さんのグループ。利宏「ごんはいつ『つぐない』をしようと思ったん?」、「えーっ、それは……」と和久さん。読んでみようということになり、それぞれが読み始める。隣のグループで利宏さんに席の近いまさきさんにも利宏さんの話は聞こえたようである。まさきさんは早いうちから「つぐない」について何か思っていたようだから、やはり自分のグループでも同じ内容を言った。まさきさん、由紀さん、一史さん、美重子さんのグループも読みに入る。

わたしは二つのグループの真中辺りの位置に動いて読みに耳を澄ます。李枝子さん、まさきさん、由紀さんの読みが、いわし売りが登場する辺りから途切れがちになる。何か感じるところがあるようである。

利宏さんが文を指して、「ここちゃうん? 『おれと同じ、一人ぼっちの兵十か』のとこ」と言う。「わたしは穴の中で考えてるとこかな」と尚子さん。今度は自然に四人が文に戻って読み始める。声は出さず、黙読である。隣のグループでは由紀さん。「何か、いわしが……」「俺も」とまさきさん。「えー！　そうなん。穴の中で考えとるとこは？」と美重子さん。「ここは？」と一史さんが「赤いいどのところで麦をといでいました」から「おれと同じ、一人ぼっちの兵十か」までを指す。読み始める。やはり黙読になる。

他のグループに目を移す。どこもぼそぼそとした多少の遣り取りはあるのだが、すぐに文に戻って読んでいる。音読もあるのだが黙読も多い。「蜘蛛の糸」のような作品だとその言葉遣いから、声に出して読んでみないとという気になる子どもが多いようだが、「ごんぎつね」は自然と黙読になることも多いようである。いずれにしてもよく読む。どのグループも読んでいる時間の方がずっと長い。いわゆる「話し合い」というようなものはない。子どもたちは「話し合い」などではなく「ごんぎつね」という作品で、またそれを共に読むことを通してしなやかに確実につながっているのである。

(6) 聴いて学ぶ——聴くことで読みが拡がる

「『かげぼうしをふみふみ』って、何かかわいい」と尚史さん。「ほんまやな」と久義さん。ごんは話ができないということを聴いてから、尚史さんの読みはどうやらごんの行動に向いているようである。「えーと、行きとは違ってた……、あっ、ここここ！」と尚子さん。「ごんはびくっとして小さくなって立ち止まりました」を指している。また読む。

まさきさんのグループ。まさきさん以外はいわし売りが出てくるページを見ている。「いわしを見た時ちがう？」と美重子さん。いつつぐないをしようと思ったかにこだわっているようである。「いわし売りの声は？」と一史さん。急に、文を初めから読んでいたまさきさんの表情が変わる。「こここ！」、まさきさんが示したのは兵十が魚を捕っていたページである。そのページの「白い物か。きらきら光っています」を指す。「ほら、いわし、ピカピカ光ってたやん。それ見て、これ思いだしたんやわ」と、やや早口で言う。すぐに文に目を通した美重子さんが「ほんまや。うなぎのはらが光ってたんや」と言い、四人は文を読み始める。

いわしの「ピカピカ」と太いうなぎのはらの「きらきら」をつなげる発言は他の学校でもあったのだが、わたしは何度聴いても感心する。こういう発言は文を何度も何度もよく読む学級でなければ出てこない。また、友だちの思いをよく聴く学級でなければ生まれない。まさきさんは早くから「つぐない」にこだわりがあった。そして由紀さんの「何か、いわしが……」という発言というよりはつぶやきを受け留めたことによって読みを拡げたのである。

時間がきた。「この次、みんなで聴き合いましょう」ということで、九〇分近い授業であったが、この授業もまた、この時間内には学級全体でということが一度もないままに終わった。

(7) ペア・グループを――一人ひとりが学ぶために

だが、わたしはそれでよいと思っている。学級全体での学びは必要である。二人、四人では思いの及ばないことも少なくないからである。だが、一人ひとりが一番学んでいるのはペア・グループの時である。山本さんは常に一人ひとりの子どもに目を配って、学びに入れない子どもを見逃すまいとしているが、それでも学級全体でという状態が長くなってくると尚史さんはじめ数人の子どもは学びに入れなくなってくる。また、まさきさんのようにこだわりを持つ子どもは全体の流れから外れていく。ペア・グループの時が一番学べるのである。

では、学級全体の学びが何故必要かというと、ペア・グループでの学びをより豊かにするためである。全体の学びで聴き、受け取ったものをペア・グループに戻してそこで一人ひとりが、更に豊かに学ぶのである。

山本さんの学級でも、採り上げた「蜘蛛の糸」や「ごんぎつね」のその時間には学級全体という場面はないが、全体での時間は必ずある。ただし、長くはない。全体の時に出たものをペア・グループに戻し学ぶ。また全体を挟んでペア・グループと、そういう授業のあり様を基本としているのである。

2　わからなさに寄り添って学ぶ——学び合うために

(1)　わからないと言える学級に——学び合える雰囲気を

大阪府堺市立大仙小学校、大川拓也さんの授業である。大川さんは当時教職二年目、四年生算数の授業である。この授業は一六年度のセミナー分科会で報告されている。

報告に付けた文書に、大川さんは「一年目は子どもの実態に応じた課題選びに努めてきました。しかし、子ども同士のつながりが希薄であったため、わからないと言えずに、ペアやグループからはぐれてしまう子や、一人で解いてしまう子の姿が見られました。すべての子どもに、学びの深まりがない状態でした。その実態を踏まえ、二年目は、互いの考えを聴き合い、わからないことをわからないと言える学級、授業づくりに取り組んできました」と記している。大川さんの授業は「みんなに訊いてみたい」ことを出すところから始まる。

授業のビデオには本時の課題に入る前に「算数日記」を読み直し、見せ合い、語り合っている子どもたちの姿が映っている。その雰囲気はとても柔らかく、これならわからなさを共有できるであろうと思われる表情、姿がある。その「算数日記」について、大川さんは「また、日々の算数科での授業をより深めるためにも、九月から毎日、算数日記に取り組みました。算数日記を書くことで、一人ひとりがその日の学びを振り返り、次の日に、友だちと算数日記を交流することで、より一層学びの深まりが感じられるようになってきました。友だちの考えや自分で考えたことについて書くことを通して、少しずつではありますが丁寧に授業を振り返る算数日記になってきました」と記している。

「日記」や「振り返り」というと学級によってはかなり形式的なものになっていて、次の日に友だちとそれについて交流するなどとてもできないがという場合もよく見かけるのだが、大川さんの学級はそうではない。ビデオでは声は聴き取れないのだが、前時にわからなかったところなども聴き合っているようである。その雰囲気に包まれたまま本時の授業に入る。

(2) 課題に向かう――「わからない」をグループで

課題のプリントが配付される。課題は「図のような大きな正方形の土地に3ｍのはばの道路を作って、同じ4つの小さな正方形の土地に区分けしました。道路の面積が117㎡であるとき、もとの大きな正方形の土地の面積は何㎡ですか」である。

子どもたちは課題に向かう。少しして、ポツリポツリとつぶやきが聴こえてくる。「これどういうこと？」と訊いている、「ここ

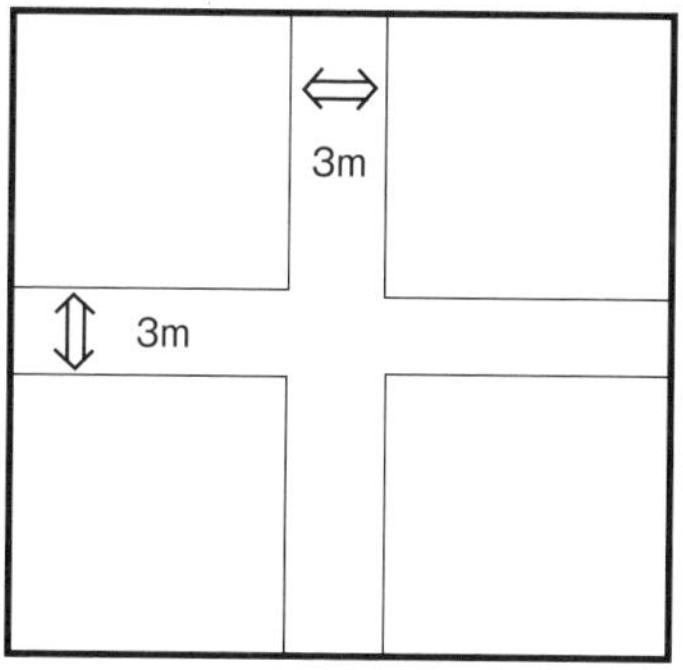

のことやんなあ」と確認している声もある。何か書き始めた子もいるのだが、どういうことかわからないという顔もある。

大川さんは課題についての説明、解説をしない。また、まず「この問題でわかったことは?」と問い、何人かの子どもがそれに応えて、問題について説明し、教師が「そうだね。それを求めればいいんだね」とまとめて、解きにかからせるという、かなりよく見かけるパターンを採ることもない。「わからない」を出させたいのである。そして、それが必ず出てくるであろうという課題を選んでいるのである。

盛男さんがグループの和子さん、聖也さんに何か訊いている。だが、もう一人の和香菜さんも含めて、三人はそれぞれ違うところで悩んでいたようで、盛男さんの「わからない」が飲み込めないようであった。大川さんが「みんなに訊いてみたいなとか、そんなことあったらちょっと教えてほしいな」と言い、盛男さんを指名する。盛男さんは「この問題のやつでは、大きな正方形の土地の面積は何㎡やけど、この正方形なんか、こっちの正方形なんかわからん」と図を指しながら言う。大川さんは「あぁ、どっちなんやろな。どう、みんな。みんなはどんなふうに考えてみた?」と全員に問い、慎一さんを指名する。慎一さんは「最も大きな正方形やから、この正方形は全部同じやから、全部の四角形」と言う。

こういう時、教師は自身で説明するか、または言える子どもに発言させてどこを求めるのかをはっきりさせようとしがちだが、大川さんはそれをしない。「今のをグループで話してみようか」

と、グループに戻すのである。課題文をていねいに読み直して、何を、どこを求めるのかをどの子にも確認させたい、それができるのはグループだと考えているからである。

(3) グループに戻す——学び合いはグループでこそ

和子さんも聖也さんも、そして和香菜さんも、今度は盛男さんがどこがわからないのか飲み込めたようである。課題の文と図を交互に指しながら話している。盛男さんが頷いている。このグループの後、明夫さんが指名され、「元の大きさの正方形の土地の面積は何㎡ですかって書いているから、まだ道路がない時の土地の面積かなと思った」「ここの道路がなくなってて、この正方形全体の面積」と発言している。わかり易い言い方である。しかし、その前のグループがなければ盛男さんはじめ、美晴さん、正吾さん、大介さんなどは何か釈然としないまま、とにかく全体を求めればいいのかとなっていたであろう。

この後ももちろん全体での発言はあるのだが、続けての発言は二人まで、同じ子が言い方を変えてもう一度発言する場

学び合う子どもたちと見守る大川さん

合もあるが、それを入れても延べ三回以上続けて発言するということはない。必ずグループに戻しているのである。この授業での子どもたちの発言を掲げてみよう。

芳美「最初の元の形はこの形やけど、前にやったようにこれを下に動かして、これも横に動かして、横に動かしたら、ここの線がなくなって、ここの面積を求めたら、全部の面積はわかるから、そこの面積を出す」

吉郎「直角にしたら、正方形にはなるけど、また答を出しにくいと思う。ので、ここで十字にした方が、ここの線がわかったら、ここ正方形ってわかってて、ここの角度が4つあって、+117㎡を足したらその答は出てくるから、それはちょっと難しくなると思う」

勇一「ぼくも吉郎君と一緒で、この形のままで考えた方がいいと思うから、ここだけ一つわかったら、残りの三つ全部同じ形で、ここは117㎡やから、この一つの答×4をした後に、それ+117㎡をやったら答が出ると思う」「まず、この道の大きさが3ｍで、縦横3ｍ。この横が縦横正方形でいっしょやから、前の考えのその前の考えで………こういう問題をやって、その時に二つに分けて考えたから、今回もそうやって考えようとしたけど、横の二つがわからなかった」

この三人の発言は芳美さんの道路を横、下に動かして考えようとする発言から始まっている。吉郎さんと勇一さんがそれでは答が出しにくいのでということで道路を動かさないで求める方法を考えている。前の発言を受ける形での発言にはなっている。しかし、どうだろうか。この学級の子どもたちはよく聴く。聴き合う関係は素晴らしい学級である。それでも、右に掲げた発言が続けてあるとしたら、どれだけ受け取れるだろうか。

大川さんはこの年二年目だが、全体での発言が何人も続くと、それは一部の子どもの学びに、いや、一部の子どもの学びにもならないのではないかと気づいている。だから、必ずグループに戻す。右の三人の発言はこの前、中、後に三回のグループでの学びがあってこそのものなのである。

⑷　子どもたちは考える——「なんで12で割るの？」

子どもたちは考える。グループで考える。省一さんが道路が交わっている所の面積が9㎡だと発言した。だが、まだそこまでしか考えていないと言う。グループに戻る。省一さんの発言で正美さんのグループの表情が変わる。しばらくしてそのグループの吾郎さんが発言をする。「まずここは9㎡ってわかったから、道路の面積117引く9をしたら108になって、この108割ることとこの3mとここの3mと、で、ここは平行やからずっと3mやから、ここも3mでここも3m、足したら12になったから、12をしたら9になって、ここと、ここと、ここと、ここと……ここは9mってわかったから9×9をしたら81で、だから、ここの面積は71㎡」

当然グループでとなる。その後、陵子さんが発言、「108÷12っていうのはこの3mを4つ分を足して割ったのはわかるけど、なんで12で割るのかがわからへん」と。何故12にしてそれで割るのかがわかったという表情もあるのだが、陵子さんのように「なんで12で割るの？」という気配の方がかなり濃い。グループがあって、今度は俊太郎さんが発言する。「12っていうのは、12の割り算をしたのはこの横の長さを調べるためにやったもので、そこの縦３ｍで横が何ｍかはわからんので、ここ３ｍの長方形ができるから、横３ｍで、その横……、縦３ｍの長方形が４つあって、で、４つあったのをすべて足したら12になって、で、ここ以外の全部４つの長方形の面積をすべて合わせた数は108になるから、ここの108を12で割ったら答はでてくる」と。今度はわかったという表情が増えている。ここで大川さんは盛男さんに訊く。俊太郎さんに訊いてみたいところはないかと。盛男さんは殆んど間を置かず「どういうこと？」と言う。つまり俊太郎さんの発言は全くわからなかったというのである。大川さんは再度俊太郎さんに発言を求める。これは、俊太郎さんの発言が少々早口であったことを気に留めてのことでもある。

俊太郎さんが再び発言する。「縦３ｍ、横がわからない長方形が４つあって、この四角形が４つあって、４つを足したのが108になって」、大川さんがここで止めて「どう、そこまで？」と訊く。盛男さん「どこから108がでてきたん？」。教師は先の吾郎さんのような発言があると、それでもうどこが108㎡かはわかったこととしてしまいがちである。グループでの学びが中心となっているので、子どもたちはよく考え、学び合う。だから108㎡のところでつまずいている子どもは少ないのだが、それでも「どこから108がでてきたん？」は盛男さん一人ではない。

(5) あくまでわからなさに寄り添って――108？

俊太郎さんは嫌な顔一つせず、「前に言ってたように、ここ３ｍでここ３ｍで、ここが９㎡になるっていうのを省一君が言ってたから、そこを省いて、9㎡を117から引いたら、108になって……」と話を続ける。大川さんのあくまでわからなさに寄り添おうとする姿勢が子どもたちにも伝わっているのである。本時の課題の前にあった算数日記の交流の雰囲気は、その表れなのである。

盛男さんはここにきて、108㎡がどこの面積がわかりかけてきたようである。俊太郎さんの話を聴いている表情がそれを物語っている。時間がきて、授業は終了となったのだが、子どもたちにとって満足できる学びの時間であったに違いない。

第3章　子どもの学びをひらく

佐藤　雅彰

1　協同的学び

学びは、次ページの図のように、まず子ども一人ひとり（わたし）がテキストや課題（問題）と出会い、自分なりの考えをもつことから始まる。これを対象との対話と名付けている。

【対象との対話】

国語の場合、教科書を読む行為であるが、その行為にもいろいろある。例えば子どもたちが一斉に声を合わせて斉読する。子どもたちを丁寧に見れば、言葉を味わうよりも文字をすらすら読めることが目的になっている。黙読もある。けれどもテキストを読むときは音読をさせたい。しかも音読は各自の速さで行うのがいい。その方が子どもはテキストの言葉をゆっくり味わうことができる。また音読することで耳から入る言葉の響きから感じられることもある。

さらに、音読をしながら叙述の言葉にサイドラインを引かせ、その部分から何をイメージしたかを書き込ませる方法もある。社会科の場合は、教科書を読みながらプリントの穴埋めを行う作業を重視する教師がいる。その場合、子どもたちがテキストを読み、プリントの穴埋めだけでは意味がない。事実の把握をしながら、自ら問いを見出し能動的に仲間と共に探究する学びにひろげたい。教科書の読み方にもいろいろある。

ところで、対象との対話で、「一人学び」とか「自力解決」を求める教師が多い。一人で解けない子どもや何をどうしたらよいかわからない子どもが他者にすぐ頼ることを嫌ってのことだろう。確かに単に答えを視写するだけなら注意をしたい。けれども森田真生は「数学する身体」（新潮社）で、一九六六年にイタリアのジャコモ・リゾラッティがサルの実験で発見した「ミラーニューロン」のことを書いている。それによれば「他者の運動を見ているときにも、その運動をさも自分がしているかのように脳が活動する」と。他者の行為を見るだけでも脳が活動するならば、主体的に「教えて」と仲間に依存する行為は、

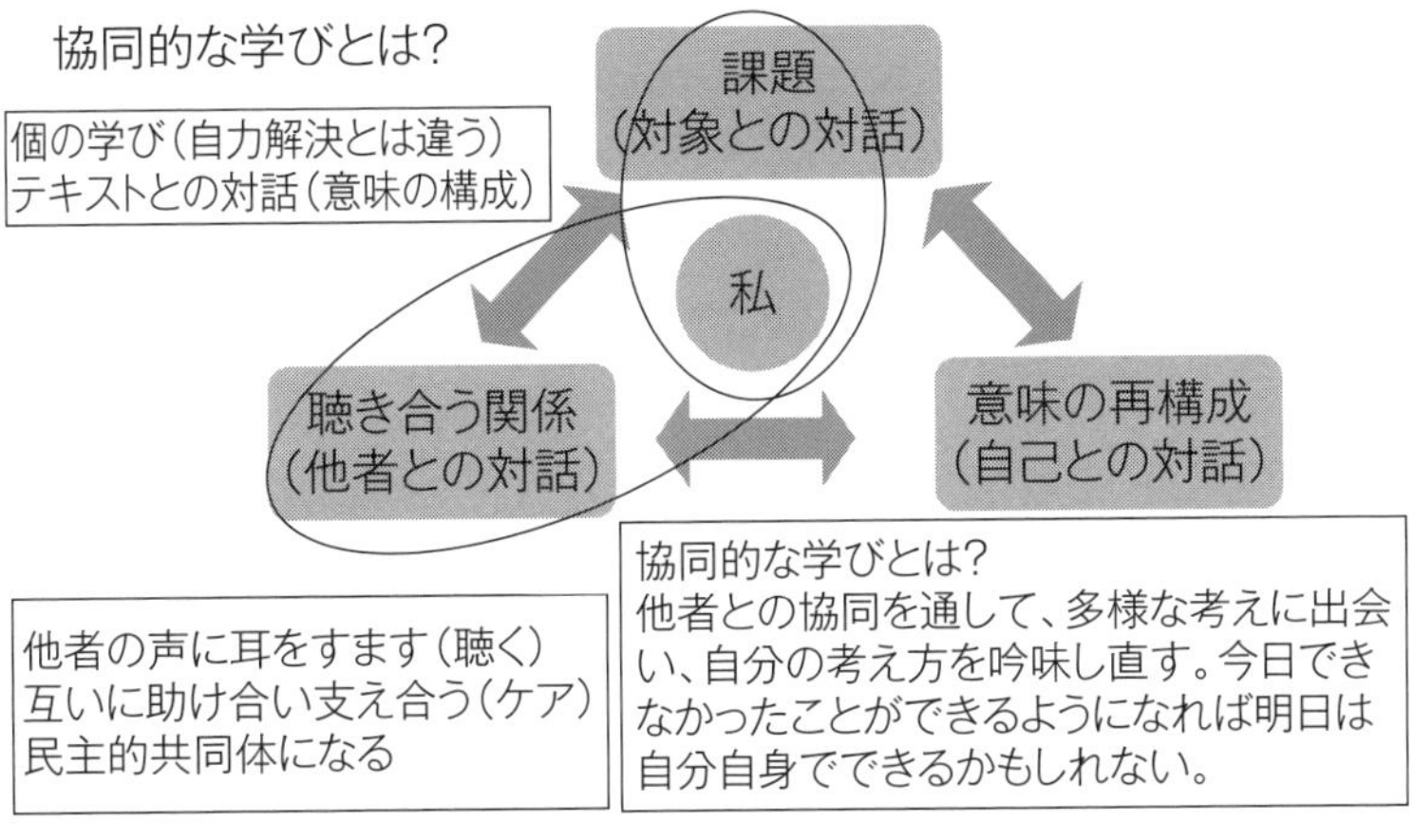
協同的な学びとは?
個の学び（自力解決とは違う）
テキストとの対話（意味の構成）
課題
（対象との対話）
私
聴き合う関係
（他者との対話）
意味の再構成
（自己との対話）
他者の声に耳をすます（聴く）
互いに助け合い支え合う（ケア）
民主的共同体になる
協同的な学びとは?
他者との協同を通して、多様な考えに出会い、自分の考え方を吟味し直す。今日できなかったことができるようになれば明日は自分自身でできるかもしれない。

もっと脳が活動する。

そう考えると、「一人学び」(だれにも頼らず)→「グループ活動」→「全体」といった授業パターンではなく、「一人学び・グループ活動」→「全体」と、小グループ席で一人学びするなかで他者に依存できる方法も考えたい。たっぷり他者に依存できた子どもは、大人になって自立できるようになる。そう思う。二〇一四年　高知県高知市立横浜中学校大石祐千教諭の数学実践の報告でも、自力解決→グループ活動ではなく、自力解決とグループ活動を同時にする方法を取っている。数学や科学のような場合、最初からグループの席でいい。大石先生は、日常的に小グループ活動を組み込み、他者との協同を重視している。

ただしグループ活動は話し合いではない。一人で解ける子どもは黙々と一人で解き、一人では解けない子どもが仲間に「わからない、教えて」と主体的に訊くことで学びをひらくことになる。

また質問された子どもは相手が納得のいくまで何度も説

学びをひらくグループ活動

明を繰り返す。その繰り返しの中で「知る、わかる」経験をするだけでなく、子どもと子どもとの間に信頼感が醸成され、よりよい関係がつくられる。その延長上に学力向上がある。

二〇一五年に報告をした滋賀県大津市立志賀中学校の田中やよい教諭も同様なことを書いている。「だれとでも活動できるよう、定期的に席替えをしている。けれどもグループ活動でよく話をするのは勉強のできる生徒である。低学力の生徒、人と人とのかかわりに問題がある生徒は、ただ黙って時間が過ぎるのを待っている傾向がある。その生徒たちがわからないところを『わからない』と言えるように、そして、『教えて』と言えるような学びの姿をしていきたい」と考えている。ただ、子どもが主体的に他者に依存するようになるには、時間がかかる。

2　言葉に着目して読みひたる子どもたち
――愛知県小牧市立味岡中学校宮内祐未教諭「少年の日の思い出」の授業

国語の授業を見させてもらうと、よく「登場人物の気持ちがあらわれているところはどこか」とか「気持ちが一番変化したところはどこか」など正解を探すといった授業を見ることがある。

宮内先生は、そうした授業ではなく、文章中の細かな描写を一つ一つ注目させながら読ませている。例えば、ある日主人公は、エーミールの「ちょう」を盗み、思いがけずに自分の手で壊してしまう。償いのできないことをしてしまったことに気づいた少年は自分の収穫物を指で粉々に押しつぶしてしまう。そうした場面で、「指で粉々に押しつぶす少年」に注目させ、その心をイメージさせている。文学を学ぶということは、叙述の言葉にこだわる癖を身に付けることでもある。

宮内先生の本時の願いは、「少年」と「エーミール」のちょうに対する思いの違いを読み取らせることである。そこで前半は、エーミールの人物像を読み取る。後半は、エーミールにちょうを見せた思いを探究することであった。

前時の復習：少年（僕）にとって「ちょう」はどういうものか
↓
授業の前半〈共有〉エーミールに対する少年（僕）の気持ちを読み取る。
↓
授業の後半〈ジャンプ〉コムラサキだけを見せようとした少年の気持ちを読み取る。

授業は前時の復習から始まった。基本的には、早めに本文に出会わせたいが、行事等で間があいてしまったためである。

T　：少年（僕）にとって「ちょう」はどういうものか？
空　：181ページの10段落の9行目「僕は、まるで宝を探す人のように」と書いてあるので「ちょう」は宝だと思った。
香苗：180ページの9段落15行目で「ほかのことはすっかりすっぽかしてしまった」と書い

てあるので、とても「ちょう」を優先しているのだと思う。

子どもの発言は、何ページの何行目というように「言葉」にこだわって発言している。日頃からの指導だろうが、大事なことである。ただ子どもは「ちょう」を宝としている。しかし、教科書では「僕は、自分の『宝物』をしまっていた」とある。

竹内常一は、宝と宝物に関して、「『ちょう』をとらえ、ちょうの美しさを見る喜びから、それを自分の収集として箱に入れ、仲間に見せる喜びに拡張されている。そうなると、ちょうは『宝』ではなくて、『宝物』となる。…中略…世にも稀で貴重なる『宝』から私有物としての『宝物』となる」（『読むことの教育』山吹書店）と書いている。宝と宝物には違いがある。

子どもは「ちょう」を「宝を探す」ことから「宝」と読み取っている。けれども「美しいちょうを見つけると特別に珍しいものでなくったってかまわない、……とらえる喜びに息もつまりそうになり」にこだわって読むと、少年は美しいちょうを見ることに「微妙な喜び」を感じ、ちょうを見るととらえたくなるという「激しい欲望」をもっていたことが読み取れる。この激しい欲望が、後半「ヤママユガ」を盗むことにつながる。

【対象との対話＝音読とサイドライン】　本時の音読に入る。

「僕は、僕らのところでは珍しい、青いコムラサキをとらえた。それを展翅し、乾いたときに得意のあまり、せめて隣の子どもにだけ見せよう、という気になった。それは、中庭の向こうに住んでいる先生の息子だった。この少年は、非の打ちどころがないという悪徳をもっていた。それは子どもとしては二倍も気味悪い性質だった。彼の収集は小さく貧弱だったが、こぎれいなのと、手入れの正確な点で、一つの宝石のようなものになっていた。彼は、そのうえ、傷ついたり壊れたりしたちょうの羽を、にかわでつぎ合わすという、非常に難しい、珍しい技術を心得ていた。とにかく、あらゆる点で模範少年だった。そのため、僕はねたみ、嘆賞しながら彼を憎んでいた」(ヘルマン・ヘッセ著　高橋健二訳)

宮内先生は、音読にあたって「少年はエーミールのことをどう思っているでしょうか。わかるところに青色のペンでサイドラインを引きましょう」と指示する。単に「では読んで」では、読みは深まらない。子どものサイドラインは、教師にとっては子どもの読みが見える。もちろんサイドラインをしたから読みが深くなるものではない。しかし言葉にこだわる癖を身に付けるためにはいい方法である。

さて、子どもは、①「非の打ちどころがないという悪徳」、②「子どもとしては二倍も気味悪い」、③「こぎれいなのと、手入れの正確な点」、④「非常に難しい、珍しい技術を心得ていた」、⑤「あらゆる点で模範少年だった」、⑥「僕はねたみ、嘆賞しながら彼を憎んでいた」にサイドラインを引いていた。

【グループ活動から学級全体での学び合い】

宮内先生は、いきなり学級全体での学び合いよりも、自信がなくて発言できない生徒に配慮して小グループ活動にした。そうすれば、だれも孤立することなく、思いつきであっても気軽に表現でき、それぞれが居場所感をもてるかもしれない。そう考えてのことである。その後学級全体での学び合いとなった。

T　：少年はエーミールをどう思っていますか？
大木：183ページの2行目のところで「子どもとしては二倍気味悪い」と思っている。
T　：そこ、線を引いた人は？
長嶋：気味が悪いというのが恐ろしい意味だから手入れの正確さとかが気味が悪い、恐ろしい。
T　：同じところ考えた人。
香苗：子どもとしては二倍も気味悪くて、正確すぎて、でも次の行にあるように一つの宝石になるようにしてしまうのはすごいと思う。
T　：気味が悪いがたくさんでてきたけど何が気味悪いのだろう？　隣同士話してみて。
T　：どう思う？

聡　：子どもとしては気味悪いし……？

多くの子どもは、エーミールの具体像として①、②の「気味悪い奴、性質の悪い奴」ととらえていた。

そこで、宮内先生は、子どもの読みに寄り添いながら「何が気味悪いのか」と問う。けれども子どもは「気味悪いし……」としか答えられない。子どもの学びをひろげる（視点を変える）には、教師の足場かけが必要となる。例えば「エーミールは本当に気味悪いか」と、もう一度テキスト文を読ませる方法もあった。けれども、宮内先生は、その代わりに「気味悪いだけかな？」と問い掛け、「気味悪い」から脱却しようとした。

聡子：183ページの6行目の「僕はねたみ、嘆賞しながら彼を憎んでいた」とあるから、嘆賞は感心という意味だから、ねたみ、憎んでいたけど、ちょうの手入れが正確な点とかは感心していたんじゃないか。

T：「僕はねたみ、嘆賞しながら彼を憎んでいたって」どういうことだろう？　ここから少年は、エーミールをどう思っている？　隣同士で考えてみて。

T：（ペアでの話し合いの後）教えてくれる？

聡：エーミールは僕のもっていない特別な珍しい技術をもっていてうらやましがっていて、

同時に自分にはもっていないものをもっていてずるいなあという思いから憎んでいて、他にもいろいろできる模範少年で、子どもらしくなかったので、気味が悪いと思った。

Ｔ：それきいてどう思った？　うらやましい？　憎んでいる？　どっちも？　井出君。

宮内先生の「気味悪いだけかな」の問いに、聡子は「感心しながらもねたみ、憎んでいた」と発言する。テキストをどう読むかは読み手の自由である。ただ、聡は、聡子の「感心」を受けて「特別な珍しい技術をうらやましがって、ずるい、憎い」と語り、さらに「この少年は、非の打ちどころがない」『模範少年」という言葉から、子どもらしくないところが気味悪いと付け加える。子どもの読みに揺れを感ずるが、「気味悪い」に引きずられる子どもが多い。

宮内先生は、聡の発言を受け、「うらやましいか、憎んでいるか、どっちもか」と問う。それよりも「うらやましい」を辞書で引かせたかった。明鏡国語辞典によれば「うらやましい」は「人の幸せを見て、悔しい思いと共に、自分もそうなりたいという気持ちがする」ということであり、「ずるい」は「人をだましたり、不正な方法を用いたりして、自分だけが得をしようとするさま」と書かれている。そうすると少年は、エーミールがもっていて、自分はもっていないもの（珍しい技術）をうらやみ、それを憎み、ねたんでいたという読みができる。いつまでもエーミールの性格の悪さだけでは、エーミールの具体像を読み誤ってしまう。

宮内先生は三択を迫ったが、聡の「自分にはもっていないもの」を追求することで、エーミールの卓越した技術のことが浮き彫りになったかもしれない。とはいっても、とっさの判断で行う学びのデザインは難しいものである。三択にして子どもの発言はどう変わったのだろうか。

井出：自分は小さいボール紙の箱だけど、エーミールは自分よりも格上だからうらやましさもあるし、そういうところで悔しいって気持ちが出てきて、ねたんだり、憎んだりして、どっちもあると思う。
T　：それきいてどう思う？
長尾：聡くんと井出さんと同じだけど、うらましいと憎んだりが混じると、嫉妬しているのではないか。
雅子：エーミールは「僕にはない珍しい技術を心得ていた」からすごいなあと思っているけど、性格が悪いから、普通の子なら「すごいね」になるんだけど、性格が悪いからねたんでいたと思います。

三択でも「性格が悪い」から逃れられない。
そこで、宮内先生は「エーミールの性格は悪いのかな？　どう思う？」に切り替える。

朝子：183ページの1行目に「少年は非の打ちどころがない悪徳をもっていた」とかいてあるので、悪徳は人の道に背いたよくない行為で、やっぱり性格は悪いのではないかと思います。
T　：じゃあ悪い奴でいいね？　亜美さん。
亜美：非の打ちどころがなく、悪徳はよくない行いや心のことを言っている。悪いのでは？
T　：非の打ちどころがない？　辞書で調べた人は？
太郎：悪いところがない。
T　：欠点がないのに悪い奴なの？
太郎：エーミールは別に悪くなくて、僕が勝手に嫉妬とか、うらやましく思っているだけだからエーミールは悪くないと思います。

宮内先生は、朝子が「やっぱり性格は悪いのではないか」に対して「じゃ悪い奴でいいね」と決めつけた言い方をした。本当は「悪い奴」とは思っていないのに、わざと否定してみることで子どもの心理に揺さぶりをかけたように思う。そのなかで、太郎は「エーミールは悪くない、少年が勝手に嫉妬して」と答える。人は決めつけられそうになると立ち止まって考えることを改めて学ぶことができた。

宮内先生は、太郎の発言に、はじめて「テキストのどこからそう思った？」と切り返した。根拠を示さなかったこともあるが、「エーミールは悪くない」は、はじめてである。太郎が根拠の部分を示したとき、テキストを読ませたかった。それはしなかったが、聡や聡子の発言と宮内先生の切り返しによって、子どもの読みが変わることになる。子どもの学びをひろげるには仲間の発言をしっかり聴くこと、テキストに戻して考えることも大切である。

ここから後半のテーマ「どうしてエーミールにだけコムラサキを見せたのか」になった。

T　：朝子さんの言葉を使うと、少年（僕）は悪いと思っているんだよね？　そんな悪いと思っている人になんでコムラサキを見せた？

一誠：182ページ15行目「せめて隣の子だけは……」から、とにかく自慢したくて。

祥子：183ページ4行目で「非常に珍しい技術を……」から、珍しい技術をもっていて、うらやましく思っていたエーミールに見せてほめられたい。

一郎：少年には技術はないけど、「珍しいものがとれたぞー」という自慢と見返し。

美代：183ページの5行目と6行目であらゆる点で模範少年だったし、エーミールより自分はまだ技術がないと思っていたから、エーミールに追いつきたいと思い、自慢して見返したかった。

あみ：183ページの2行目で「とにかくあらゆる点で模範少年だった」とあるので、自分の幼稚な設備を見せて笑ったりせず、単純にコムラサキだけを見てほしい。

この段階になって、子どもは、「エーミールは気味悪い、性格の悪い奴」としながらも、それが発言として出てこなくなる。しかも子どもの発言に驚かされる。

ある子どもは、珍しいコムラサキをとらえ、「せめて隣の子どもにだけ見せよう」という気になったと読んでいる。「せめて」という言葉に、エーミールだけは他の友だちとは違って、自分の「宝」をけなすことはないだろうと読んだかもしれない。

ある子どもは、「自分もエーミールのような展翅の技術があるのだと自慢したい、見返したい」と読み、それだけでなく、別の子どもは「同じようにちょうの収集に熱中しているエーミールに、ちょうの美しさを単純に見せにいったのではないだろうか」と読む。

残念ながら授業はここで終わってしまったが、仲間の発言をしっかり聴き合って学び合えれば、ここまで読み取れることを知ることができた。この子どもたちは、次の段落を学び合うことで、少年とエーミールの「ちょう」に対する思いの違いをさらに明確にすることができる。

「少年がエーミールにコムラサキを見せたとき、彼は専門家らしくそれを鑑定し、二十ペニヒくらいの値打ちと値踏みし、さらに展翅の仕方が悪いとか、足が二本欠けているとか難癖をつける」。「もの」をものとしか見ないエーミールの本当の姿に、子どもたちは出会うことになる。

3　俳句を味わう――「わかる」から「味わう」へ

――岩手県奥州市立水沢中学校　千田裕子教諭

子どもが詩に接したとき、まず「どんなことを言っているのか『わからない』『わかった』」とよく言う。千田先生は日頃から「わかる」と言う子どもたちに違和感を持っていたという。この違和感はどうして生まれたのだろうか。子どもの「わかる」とか「わからない」という言葉から正解主義的な読みの世界を感じたのか、正解主義という学びの中で真実を語る言葉を封殺してしまった子どもを憂いたのだろうか。

国語科における言語活動は、言葉に対する感性を豊かにすることが一つのねらいである。たとえば文学教材において子どもの学びをひらくということは、解釈を同じ（正解）にすることではない。ましてや教師の読みを子どもに押し付けることではない。それぞれの子どもが与えられたテキストの言葉からどんなことを感じ、何をイメージしたか、読む人が心を働かせて感じた想像のイメージを自分の言葉で表現することが基本である。本時の授業にあたって、千田先生は、「味わう」ことには「唯一の正解」はない。そのことを伝えたかったと言われる。

【一句だけを味わう授業】

千田先生は、もう一つ考えていた。言葉に対する感性を養うために、尾崎放哉の自由律俳句「入れものが無い両手で受ける」の一句だけを取り上げることである。一句だけにしたわけは、教科書ではたくさんの俳句を効率的に紹介するようになっている。紹介することが目的ではなく、詩（俳句）はわからなくても、食べ物のように言葉をたべてみる。食べて心を働かせれば、心がひらかれ、詩（俳句）の気持ちになれるかもしれない。そんな思いから一つの作品にじっくり時間をかけたいという思いを語る。大事なことである。

とはいうものの千田先生は「一句だけで一時間持つのだろうか」という不安をもっていた。こうした不安は、国語教師に意外と多い。だから一句だけを扱った授業は意外と少なく、たくさんの俳句の紹介になってしまう。

【授業構想】

自由律俳句との出会いと音読　↓　グループでの学び合い　↓　全体での学び合い　↓
尾崎放哉の生涯　↓　グループでの学び合い　↓　全体での学び合い

【テキストとの対話】

一度読んだだけで想像のイメージが湧くこともある。けれども長文を一度読んだだけで「どんなことを感じましたか、感想を書いてみましょう」などと問う教師に出会うとぞっとする。そんな簡単にイメージが湧くものではない。読みを深めていくことのできる作品ほどてこずるかもしれない。特に選ばれた無駄のない言葉で詠まれる俳句はそうである。だからこそ何度も何度もテキストを音読したい。言葉を声にすることで言葉に触れるだけでなく、耳を通して感ずることがある。その意味で教材との出会いの時間はたっぷりと音読させたい。多くの授業では、この時間が短い。

ところで音読は個人が基本である。けれども千田先生は、三三人の子どもに順番にテキストを読ませた。なぜだろうか。千田先生が最も気を配ったのは、俳句（詩）の世界から落ちこぼれそうな子どもの参加であった。みんなと一緒に読むことで学びに参加する意識をもてるかもしれない。そうした配慮からだ。実は三三人の子ども全員が、目と耳と心とからだをつかって俳句を詠み終わった後、もう一つ別の理由がわかった。

千田先生：「人によって顔が違うのと同じように、みんなの詠む声が違うね。人によって感ずること、それぞれの頭に浮かんだことも違うかもしれないね」

と。なるほど詠みの違いに気づくことだったのか。それを確認し、今度は各自で音読をし、「どの言葉からどんなことを感じたか」「想像したイメージを絵に描く」ことに初挑戦した。

【イメージを絵として描くこと、詩を味わうこと】

千田先生は、音読で想像したイメージを俳画にすることは、初の試みであった。けれども日頃から俳句は五・七・五という箱の中に、選ばれた言葉、無駄のない言葉が入れられ、一枚の絵になっている。自由律俳句は定型からは離れているけれど、やはり一枚の絵になっている。そう感じていたから、言葉の広がりと空間的な広がりをねらって、どの言葉からどんなイメージの想像をしたか、表現させたのだという。

残念だが、子どもは心の中でいろいろなイメージを思い描くことはできても、それを言葉にしたり絵にしたりすることはなかなか難しいらしい。彼女や彼らのイメージ画は稚拙であった。

それでも、それを基に情景や想像したことを交流していた。また稚拙な絵が互いの心に安心感をもたらせた。

【小グループ活動によるイメージの交流では子どもの読みはひらかれなかった】

それぞれが描いたイメージ画をもとにどうイメージしたのかを言葉で表現し合う。一般的には学級全体で数人の子どもが指名され絵の説明をする。千田先生は、すべての子どもに自分の絵を説明させたいと願い小グループ活動を選んだ。学級全体だとどうしても自己肯定感の強い子どもだけが発言し、自信のない子どもは沈黙する。

ところで、小グループでのコミュニケーションは、描かれた絵に関する質問がほとんどであった。例えば、

万葉くん：「菅ちゃん　これなんか水っぽいけど、どう?」

想像してイメージを描いた絵

菅ちゃん：「入れものが無いから、困った～　こうやって手でずっと……」

春奈　：「どんどん下に水がたれているね」

別のグループでは、「入れものが無い……」、よくわからないけど受けたものは、相当大切なものだと思う」という子どもに対して、「そう、わたしは千年に一個しか咲かないという花だと思う。一応花のつもりで描いた」と。また別の子どもは「突然、リンゴが落ちてきたので……、両手で受けた」、「生まれたばかりの赤ちゃんを受け止めたのではないか」と。

イメージしたことは様々であったが、この時点では、入れものはどんなものか、どれくらいの大きさの入れものなのか、何を入れたのだろうかなど、情景中心の表層的な読みで、尾崎放哉の心の物語は読めていない。

子どもの読みをひらくにはどうするか、一つは何度もテキストの音読に戻すことである。それをしないと話し合いに終始してしまい読みはひらかれない。千田先生は、グループでは読みが深まらないと考え、早々グループ活動を切り上げ、全体での学び合いに移行した。いつグループ活動を切るか、なかなかタイミングが難しい。

学級全体での学び合いに戻したとき、ある子どもが「入れものに入れたのは、生まれたばかりの赤ちゃんだと思いました。だから両親の手、親の手で子どもの身体を包み込もうとしている」という思いもよらぬ発言があった。千田先生は、どんな意見もすばらしいと考えている。だから自分の思いとずれたイメージであっても絶対に切り捨てない。子どもに「どうしてそう考えたのか」と問うが、その子どもは根拠を示すことができなく、他の子どもからも否定されてしまう。

ところが、「赤ちゃん」というイメージは決して無駄な発言ではなかった。というのは、その後の発言に「優しい感じ」とか「両手で受けるところから、なんか大切なものをもらったりするイメージがあって、なんか優しい感じ」という表現に言葉が紡がれている。他者の読みを交流する協同的学びによって、「優しさ」という言葉が他の子どもの読みをひらくことになる。

「最初読んだとき、なんか悲しい感じがしていたけど、『両手で受ける』っていう言葉からなんか温かい感じがした。何か大きなものを失ってしまったけど、それでも何か自分にとって大切なものを見つけたから、それで喜んでいる感じがしました」と。優しさが温かさや喜びの感情につながっていく。

他者との協同は、他者の声をきちんと聴き合う関係をつくる。それだけでなく他者の言葉を借用しながらもこころの世界の扉をひらくこととなっている。ただ、この段階での読み取りは深い学びになっていない。ではどうするか。

〔より深く学ぶための足場かけ〕

その解決として、千田先生は、山頭火の言葉を引用した。（行乞記12・7より）

「すぐれた俳句は、その作者の生涯を知らないでは十分に味わえないと思ふ、前書きなしの句というものはないともいへる。その前書きとはその作者の生活である、生活といふ前書きのない俳句はあり得ない。その生活の一部を文字として書き添へたのが所謂前書きである」

子どもが「入れものが無い両手で受ける」の学びがひらくには、放哉がどういう生活空間で、この句を作ったか、それを知ることなしに句の凝縮された深層にある読みをひらくことはできない。そう考えて放哉の生活を語る。

「東京大学を出た後、エリートコースをまっしぐら、生命保険会社の支店長までなったけれども辞めてしまう。すべてを捨てて自分の居場所を求めて、日本中各地を歩くわけ。で、肺を病んだので、最後死ぬときにはあったかくて海の見える場所に行きたいと考え、小豆島に小さな家を見つけ、一人で住むことにした。自分の思う小豆島を見つけて、死を迎える最後の8か月をここに住んだということです。この8か月、すべてをなくした状態で、庵寺で極貧の中、家と海があるだけの場所で住み始めた。その時に詠んだ俳句です。どんな感じになってくるかな」と。

千田先生：家と海があるだけの場所を見つけて、そこに住み始めた。その時に詠んだ俳句です。どんな感じになってくるかな？　直美さん。

直美　：さっきまでの考えよりは、自然に触れているような印象を受けたので、風とか、海の水をいれようとしたのでは……。

夢野　：なんか、「入れものが無い」っていうのは、そういう自然のようなものをいれようとしたのだと思う。そんなでかいものを、両手で受けていたと思った。

角野　：わたしも両手だけでは受け取ることができないものを受けたんだと思いました。

千田先生：受け取ることのできないものって？

角野　　：人生かなんか……。

千田先生：書いた人の人生があるわけですね。だとするとどんなふうに感じますか。

さくら　：両手で、あふれる涙とか、あふれる感情をすべて受け止めようとしている感じが……。

千田先生：どの言葉からそういう感じがしたの？

さくら　：「入れものが無い」ってあるから「入れもの」の必要なものなんだと思うけど、そういうものではないものを両手ですくおうとしている。砂とか、海の水とか、流れるようなもの、涙とか、だれかの感情とか、今までかかわった人たちの思いとか、そういうものだと思いました。

千田先生の説明を受けたとき、子どもたちは「小豆島って？」「庵寺や極貧って？」など意味のわからない言葉があった。そうした言葉を明らかにしないで、「どんな感じ？」と問われても、深い読みはひらかない。したがって子どもたちの読みは、海風など自然に関するものを入れものに入れようとするイメージは増えたが、読みとしてはまだ浅い気がする。それでも、子どもは他者の発言を聞いて、自分のイメージを膨らませている。

ところで、千田先生は、尾崎放哉の生活を話さずに俳句を示すか、本時のようにそれを伏せたまま自由にイメージさせた後、尾崎放哉の生活を語り句の深層を読みひらくことにするか、どちらの方が展開としていいのかを戸惑ったという。彼女は、迷ったあげく後者を選んだ。そうしたわけは、子どもたちが自由な感覚で読んだ上で放哉の生き方に触れた方が、読みの違いに驚きがある。そうした考えであった。わたしは、どちらがいいのかという議論は不毛だと思う。文学に学び方があるわけではない。子どもに自由な読みをさせ、他者の読みに出会い、自分の読みを吟味し直す。それだけである。

授業の後半、より深く学ばせるために、放哉が極貧の中でただひたすら自然と一体となる生活を送ったことを辿ることになった。けれども前半で時間を費やしてしまい、新しい学びを切り拓く時間が少なくなってしまった。しかも、終わりの時間が迫っていたため、句を音読することもなく、すぐに「○○さん、どう」と指名してしまった。生活という前書きがわかっただけに、もう一度時間をかけて句を音読し、句と対話をする時間が必要であった。そうでなければ新しいイメージを持つことはむずかしい。

けれども子どもの振り返りを読んで驚かされた。それだけに残念だった。

① 両手で受け止めたものは、形のない、感情や自然の風や光だと思いました。「入れものが無い」ってことは、自分が触れることができなくても、体全体で感じたい。だから「両手で受ける」なのかと思った。

② 両手の存在があっても、入れものの存在は心だとして、受けるのは自然の恵み、海や水や風だったら、受けている人はもうすぐ死にそうだったとしたら、自然の中にもどるというか溶け込む、生命が循環している感じがした。

③ 尾崎放哉さんは、「自由」を求めているのだと思った。一人になって自由になりたくて、海

の見える小豆島に行ったのだと思う。入れものから自分が出てくる感じだと思う。（筆者注：入れものから自分がでてくる感じ？「自分を束縛している何かから解き放たれ、本来の、もとの自分が立ち現れる」ということである。）

わたしは上田五千石（故人　俳人・元NHK教育テレビ俳句講座講師。一時期、静岡県富士市在住）から数年間俳句を学んだ。先生は、「遊びに来た」と言いながら、いつも勝手に俳句講義を一時間以上わたしだけにして帰った。講義は「わび・さび」「季語の使い方」「俳句には二つの世界がある」「補助線が隠されている俳句」など多岐にわたる。特に「見える現実世界と見えない深層世界」を読み取れとよく言われ、「いい俳句には二つの世界をわける補助線が隠されている」とおっしゃっていた。

その視点で考えると尾崎放哉の「入れものが無い両手で受ける」は「入れものが無い」と「両手で受ける」を分け、二つの世界として考えることもできる。どう考えるかは子どもの自由であるが、子どもがじっくりと俳句と対話すること、その上で他者の視点に出会い自分の思考を吟味し直す。これが二十一世紀に求められるクリティカル・シンキング（視点を変える）、子どもの学びをひらくことではないだろうか。

さて、子どもたちは、放哉の前書きの生活を知ることで、死を待つだけの放哉が、どのような思いで死を受け入れようとしていたか、どのような生活をしていたか、放哉の心の世界に触れることになる。

子どもの発言を読むと「入れものが無い」から極貧の中で死を待つ現実世界をイメージし、「両手で受ける」からは、喜びも悲しみも悲惨さえも、すべて受け止めようとする心の世界をイメージしている。また別の子どもは、ただひたすら自然と一体となる安住の日を待ちながら、なおかつ俳句をつくる放哉の生き方に畏敬の念を感じている。

わたしは、子どもたちの学びを通して「入れものが無い」という放哉と「両手で受ける」という放哉、同一者でありながら異なる心の作品世界があることを子どもたちの振り返りから学べた。

【子どもたちの振り返り】

① 尾崎放哉さんは、すべてを「捨てて」この小豆島に来たので、「入れもの」なんてないから「すべてを両手で受け止めよう」という心意気がかんじられる。

② はじめ読んだときには何か大事なものを受け取っているだけなのかと思ったけど、話を聞いて、形はないけど、一番大事だと思える環境を手に入れたということだと思った。

③ 尾崎放哉さんは「自由」を求めているのだと思った。一人になって自由になりたくて海の見える小豆島に行ったのだと思う。入れものから自分が出てくると感じたと思う。

こうした子どもたちの振り返りを読むと後半の時間に他者との協同が十分にあれば、他者のイメージに触発され、もっと子どもの読みはひらかれたかもしれない。それが残念であった。

この報告は、一句に一時間かけた実践である。現実には一時間でも足りないくらい子どもたちの読みがひらかれた。それは他者との協同であり、千田先生の教材研究の深さである。特に、「その作者の生涯を知らないでは十分に味わえないと思ふ、前書きなしの句というものはない」である。子どもは前書きを知ることで読みを深めた。

ただし千田先生は、尾崎放哉の前書きである生活を語るとき、自然、風、光、環境、自由などの言葉を用いなかった。教師自身がその作品についての自分の読みをつくりだすことは大事である。けれども、それを語ってしまったら子どもの読みを深めることになったかどうか、疑わしい。どの程度生活を語るか、改めて学ばせていただいた。

II

子どもが夢中になって学ぶとき

第1章　子どもが　学び合うとき、つながるとき

石井　順治

1　聴く子ども、考える子ども

(1)　聴くことの深さ、美しさ

聴くことで、人は、こんなにも謙虚に、こんなにも思慮深く、こんなにも夢中に、こんなにも美しくなれるのか、わたしにそんな感慨をもたらしてくれた子どもがいる。

その子どもに出会ったのは、一〇年以上も前である。その日訪問していた三重県北勢町立山郷小学校六年生の教室にその子どもはいた。名前は早智。その学級を担任していたのは神田智美さん（現在は退職）。行われていたのは物語を読む国語の授業だった。

次ページの写真①を見ていただきたい。早智のすぐ後ろの子どもが話をしている。早智は、からだをねじって、話をする子どもの顔を見て聴いている。写真から表情はわからないが、食い入

るように見つめている感じがする。それだけでも素晴らしい聴き方だが、早智の聴き方のすごさはそれだけではない。それはこの後の彼女の動きによって明らかになる。

写真②は、写真①の直後を写したものである。後ろの子どもは話し終わっている。早智は、後

写真①

写真②

ろの子どもから視線を外し、今度はじっと前を見つめている。黒板を見ているのだ。黒板には、後ろの子どもの考えに連なるそれまでに出されていた子どもたちの考えの芯に当たることが書かれていた。早智は、それを見つめているのだ。わたしは、この目に、本当に考える人の深さを感

写真③

写真④

じる。彼女は、仲間たちから出されたいくつかの考えを比べているのだが、その目の奥で、自分の考えとも擦り合わせている。そうでなければこういう深い目は生まれない。

そして、まもなく視線を机の上に落とす。写真③である。机の上には、印刷されたテキストが置かれている。仲間の考えを受け止め、自分の考えと擦り合わせた彼女は、ここでどうしてもテキストの文章とつき合わせて考えなければならなくなったのだ。

I第1章で述べたように、物語の読みは、言葉との出会いによって生まれ深くなる。言葉に出会うためにはテキストを読まなければいけない。そのあり方としてI第1章では音読をすることの大切さを述べたが、早智がしているように、仲間の考えが出たときそれをすぐテキストの言葉とつなぐことも大切である。それを早智は当たり前のように実行している。

佐藤学先生は、「学びは『未知の世界』との『出会いと対話』である」と述べ、「対象世界との出会いと対話、他者との出会いと対話、自己との出会いと対話の三つが統合した三位一体の対話的実践」と定義されている(『専門家として教師を育てる』岩波書店)。それをこの子どもは実行しているのではないだろうか。仲間の考えを聴いたとき仲間との出会いと対話をしている。机の上のテキストに目を落としたとき、対象世界との出会いと対話をしている。そして、その間、ずっと自己との出会いと対話をしていたにちがいない。それがわかるのが、写真④である。

この写真は、早智が初めて口を開いたときのものである。早智は、授業時間の三分の二が経過したここまで一度も発言していなかった。つまり、彼女はずっと聴き続けていた子どもなのである。

話す早智の表情が晴れ晴れしている。この表情はじっと聴いているとき、考えているときとはかなり異なる。聴き考えているときは、きりっとした深い目をしているが、ここでは一転してやわらかい目になっている。

実は、このとき彼女が語ったことは、ここまでだれも気づいていなかったことだった。つまり、彼女は、仲間の考えを聴きながら、「それはそうなんだけど、何かが足りない、何か気づいていないことがある」と考え続けていたのだろう。それが、仲間の考えを聴くうちにどういうことだったかやっと気づくことができたのだ。だから、早智が晴れやかな表情をしているのだ。

ここで大切なことは、聴き続けた早智だからこそ気づくことができたということである。聴くことは話すことと比べて受動的な行為だと受け取られがちである。しかし、早智の一連の写真を見て最後の晴れやかな表情を見ると「聴くこと」は実に能動的積極的な行為だとわかる。学びにとって聴くことがどれほど重要であるか、それをこの四枚の写真が教えてくれている。

(2)　仲間との対話から学びが生まれる

早智の事例は学級全員で聴き合う全体学習時での出来事なのだが、聴き合うことの大切さは全体学習時だけのことではない。グループで学ぶときも極めて大切である。Ⅰ第1章の算数の授業における写真や、この章でこの後掲載する写真、さらにⅢ第1章で掲載している写真を見ていただければ、子どもたちがどんなに意欲的に聴き合っているかわかっていただけるだろう。

グループ学習における聴き方は全体学習より対話的である。全体学習でも対話になっているのだけれど、人数が多い分、自然な対話にはなりにくい。それに比べてグループ学習の場合は、全体学習より自然で率直な対話になる。だから、早智が三〇分もの間ずっと聴き続けることによって学びが深まっていったのに対して、グループ学習の場合は、言葉を交わし合う対話によって学びが深まっていく。

対話においては互いに言葉を交わし合うのだけれど、やはり「聴く」ことが大切である。互いに言いたいことを言い合うだけのグループ学習では学びが深まらないからである。わからないことがあれば「尋ね」、気づいたことがあれば伝えて相手の考えを「聴く」、そして、グループの仲間とともに探究していく。そのとき、どれだけ「聴くこと」ができるかで学びの深まりは決まる。「尋ねたい」「聴きたい」という思いのない対話は痩せたものにしかならない。

津市立一身田小学校の村田真理さん(現・津市立高茶屋小学校)が、六年生の子どもたちと土の絵の具による絵画制作に取り組んだ。子どもたちは土とともに生きている。土は身近なものである。けれども、その色調や質感に気をとめることはないし、ましてやその土を絵の具にするなどという発想は皆無だろう。

子どもたちは理科の授業で地層の学習を済ませていた。そのとき堆積層は水の流れによってできることを学んでいた。そこで、その学習を生かし、土で絵の具をつくり、作った土の絵の具を使って「流水紋」を描くことにしてはという授業構想が生まれたのであった。

取り組みは子どもたちの卒業が近づく三学期の一月から三月初旬までの二か月間行われた。校庭や自宅近くの土を集めて土の絵の具をつくり、その絵の具を使って一人ひとりが「水の流れ」を描いた。こうして全員の絵画が仕上がった。そこまで進めてから、村田さんは、次のように新たな課題を子どもたちに告げたのだった。

「みんなの描いたのは水の流れだね。水の流れは長く続いていく。でも、一人で描いたのは短いものでしかない。それを長く続く流れにしたい。それには何人かの絵をつなげばいい。これから、グループになってグループのみんなの絵をつないでやや長い水の流れを表す作品を創ろう」

一人ひとりの水の流れの描き方は異なっている。もともと「つなぐ」ことを前提に描いていないのだから当然のことである。それを水が流れるようにつなごうというのである。横に並べただけでうまい具合につながるということはほとんどない。つながらないケースの方が多い。それをつなぎ水の流れをつくるのだ。必要なことはどの絵とどの絵をどうつなぐかである。簡単なことではない。グループで考えなければ……。こうしてグループ内の取り組みが始まった。村田さんの課題提示が子どもたちの意欲に火をつけたのだ。

次の記録は、あるグループが、互いの作品をつなぐために四人で考えを出し合い聴き合っているところである。このとき、子どもたちの間で次のような対話がなされている。

みちほ：（流れがうねっているように描かれているAの絵を示して）これ（左の波）は波がこっち（左

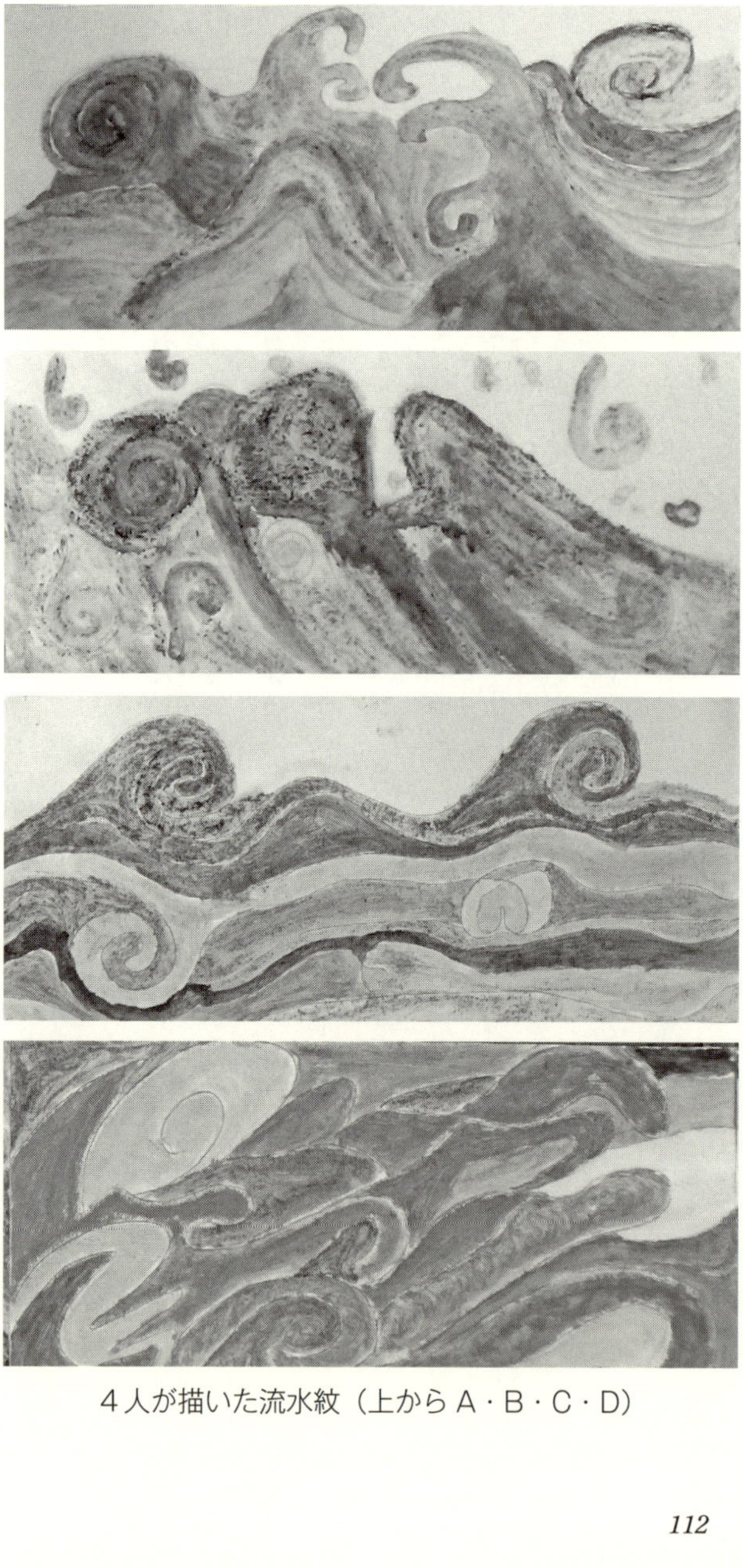

４人が描いた流水紋（上からＡ・Ｂ・Ｃ・Ｄ）

　　から右）やん。こっち（右の波）は、こっち（右から左）やん。
あきと：（真ん中で左右に）波が切れている。
みちほ：（左でも右でも）両方、どっちでもいいんじゃない（Ａの絵が右からも左からも波が来ているように描かれているから、Ｂの絵をつなぐのだけれど、右につないでも左につないでもどちらでもよいと言っている)。
あきと：(それでも心配そうに)波が切れてるから……。
みちほ：(Ｂの絵をＡの絵の右に持ってきて二つの絵をつなぎながら)Ａと波(の動き)が変わっちゃうけど……。
としお：(Ａの絵を描いた子ども。波の動きは異なるけれど右につなぐのでよいという意味できっぱり)これにする。
みちほ：これ？　こっちにつなぐ？(右につなぐのでいいのねと確認している)
としお：(それでよいとうなずいて)じゃあ、こうするとして、(グループの人数は四人なのであと二枚つながなければならないので)、その先……これ(Ｄの絵)、こっち？　こっち？(つなげたＡとＢの絵のＡ側かＢ側かどちらにつなぐのかと尋ねている)
まゆみ：「(波が左右からぶつかって盛り上がるような動きを

水の流れを見ながらつなぎ方を考え合う

手でしながら）こうくるから……？
あきと：（Aの絵の左にDの絵をつなげる）
みちほ：（あきとがつなげたDの絵のさらに左にCの絵を持ってきて）ここ（CとDのつなぎ目）で、危害が起きて……。
あきと：危害？
としお：危害？
みちほ：（どういう危害か）わからんけど。
としお：何かあるんや。そこで何かあるんや。
みちほ：何かが発生して、起こって、それで……。
あきと：ここ（Aの絵の真ん中）で一生懸命くいとめる。
としお：一生懸命受けとめるん。

四人の対話を読んで、一人ひとりがどんな子どもだろうと考えてみるのもよいし、子どもの発想を味わってみるのもよいが、子どもたちがどう聴き合ったかがもっとも興味深い。子どもは、確実に、対話によって自分たちの絵がつ

絵と絵をつないでみると……

ながる意味を見つけ出している。

最初、としおが描いたAの絵の波が左右からぶつかるように描かれていることから、どちら側につなげていこうかと思案していた。あきとなどは「切れている」と、波の方向が一つではなく、しかも二つの波がぶつかり合っていることに違和感を抱いていた。ところが、そのAの絵にDの絵をつなぎ、Dの向こうにさらにCの絵をつないだとき、みちほが「CとDのあいだで危害（災害）が起きる」と言い出した。そのとき、あきとが、Aの絵の左右の波がぶつかっているところを指さして「ここで一生懸命くい止める」と言ったのだ。つまりAの絵に描かれた波のぶつかりによって、CとDのつなぎによって生じた災害を起こすほどの波の勢いを弱めることができると考えたのである。見事な意味づけである。

あきとは、Aの絵に違和感を抱いていた子どもである。そのあきとがこのような考えを出せたのはなぜだろうか。もちろん絵をつないでみたからにちがいないのだが、そのつなぎ方をめぐって対話をしたから生まれたと言えるのではないだろうか。しかもそれを見つけ出したのが、最初は心配し、その後、みちほととしおがしていることをながめ続けていたあきとだったということが重要である。彼は積極的に話したりやってみたりするのではなく、聴く側、見つめる側にいた子どもだった。そういう子どもがこんな見事な意味づけをしたのである。対話は大切である。対話によって子どもはそれまで考えもしなかったことを発見したり、どうしても解けない難題を突破したりする。その対話の中でも、特に、「聴くこと」によってそれが可能になる。あきとは、聴いて、ながめて、気づくことができたのだから。

それぞれの絵をつなぐ、そのために忘れてならないのは、それぞれが描いた水の流れを尊重することである。描き方も流れのイメージもすんなり一致することはまずない。それでも四人の流れをつながなければならない。どうしたらそれが可能になるのか、それが村田さんの課した「ジャンプの課題」であり、その課題に対する「聴き合う対話」が、子どもたちの学びを深めていったのだった。

こうして完成したこのグループの「つながった絵」をご覧いただきたい。絵の下に表示したように、つなげるために新たに三か所の「つなぎ」が描かれている。それぞれが描いた「流水紋」を生かすためにはどうしてもこれが必要だったのだ。子どもたちは、この「つなぎ」を描くために、互いの作品をどれだけ真剣に見つめただろうか。どれだけ考え合っただろうか。どれだけ苦労しただろうか。それは、仲間を生かすための苦労であり、自分を生かすための模索であり、仲間と一つの作品を創る探究だった。ここにこそ、四人の知恵と対話と学び合いの成果が表れていると言えるのではないだろうか。

「学び」は「聴くこと」によって生まれる。わたしは、常にそう言い続け

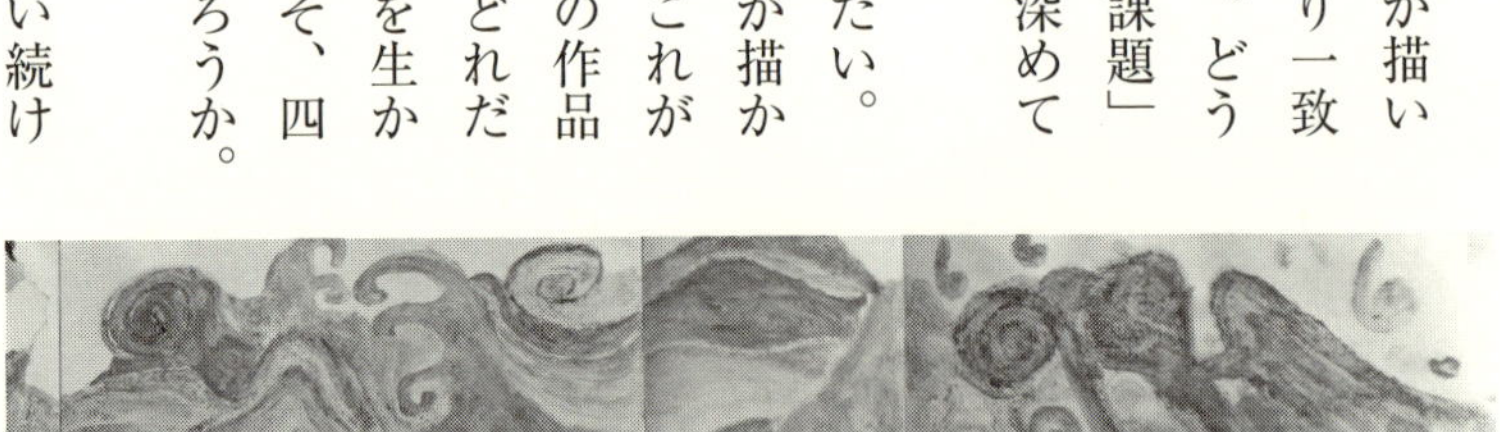

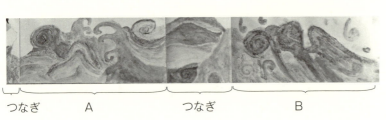

てきた。その確信があるのは、早智の表情や土の絵の具の子どもたちの対話の事実に出会っているからである。すべての子どもの、しかも豊かな学びを実現するのがわたしたち教師の使命なのだから、それには子どもたちの聴き方、対話の仕方を少しでも早智や村田学級の子どもたちに近づけなければならない。いや、その前に、必要なことがある。教師にとってはその方が大切である。それは、わたしたち教師こそが、この事例の子どもたちよりもっともっと深く、温かく、ていねいに子どもの話を聴かなければならない、子どもから学ばなければいけない。「聴ける教師になる」「他者から学べる教師になる」、そこに「学び合う学び」を目指す教師の根本がある。

2　つながり合い、学び合う子どもたち

三重県四日市市立浜田小学校が「学び合う学び」に取り組み始めたのは松本章さんが校長だった二〇一〇年度である。それ以降、同校は、すべての子どもの学びを深める学び合いによる授業の実現に努めている。どの教科においても、ペア・グループで学習する場を設け、わからないでいる子どもが支えられるようにして、難しい課題にどの子どもも挑めるような授業づくりに

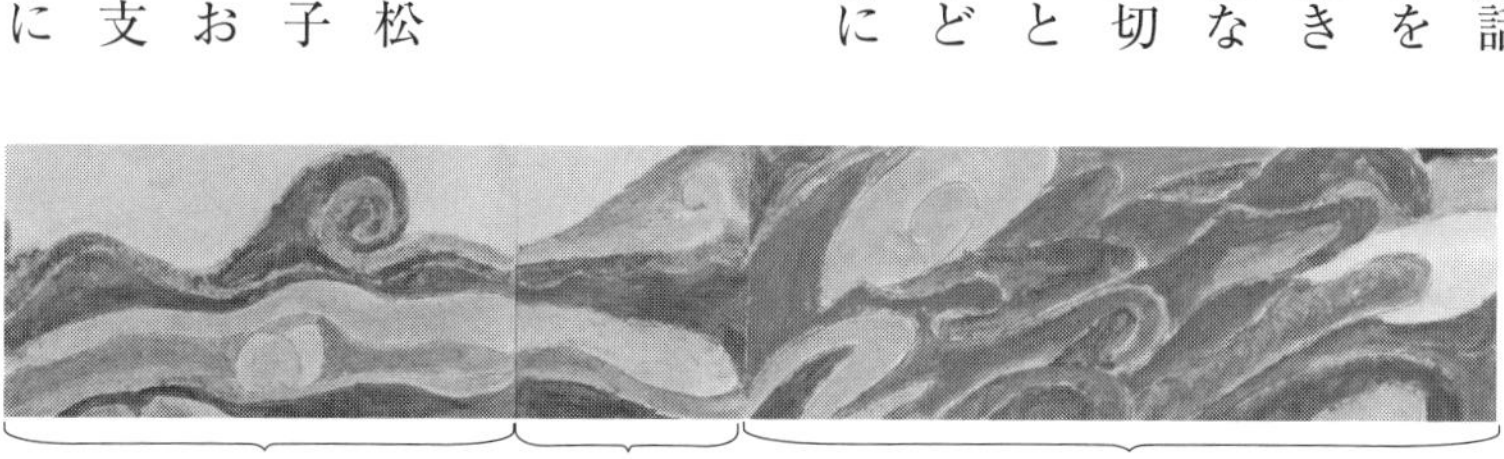

励んでいる。その結果、このようなかかわり合いを目指してきたのだ、学ぶことに対するこんな夢中さを目指してきたのだと感じられる子どものすがたが見られるようになった。もちろん、どの教師にも、そういう学び方のできる子どもをさらに増やしていかなければいけないという意識があり、そのための授業のあり方、教師のあり方を探り続けているのだけれど、随所で「つながり合い、学び合う」子どものすがたが見られるようになったことが励みになっていると思われる。ここでは、そう感じられる子どものすがたを、四つの教科にわたって見ていただくことにする。

(1) 寄り添い合う低学年のペア（算数科）

小学校低学年における学び合いは隣同士のペアが基本である。山村ゆかりさん（現・四日市市立中央小学校）が実施した二年生の算数の授業は、ペア学習がどれだけ子どもにとって重要であるかをよく表していた。

授業は、「チョコレートがはこの中に4こずつ5れつに入っています。3こ食べると、のこりは何こですか」という共有の課題を一〇分ほどで済ませた後、箱に入った実物のクッキーで「ジャンプの課題」を提示した。

箱を開けて見せると、図のようにクッキーが縦に3個ずつ5列、横に5個ずつ3列並んでいるように見える。ただし、右から2列目のいちばん上だけなくなっている。山村さんは、箱に並ぶクッキーがよく見えるように、書画カメラで撮ってスクリーンに映し出す。すると、何人かの子どもが気づいた、1個ずつのように見えるけれどクッキーの下にもクッキーが見えるということに。山村さんは1枚ずつ取って見せる。すると、それぞれの区切りにクッキーが4段積まれていることがわかる。ところが、それだけではないのだ。山村さんは、横に5個ずつ3列のいちばん上の列だけ1枚ずつ食べたから4段ないということを1枚1枚取って見せていく。そして、最初に気づいていた右から2列目のいちばん上だけは4枚全部食べたのだと説明する。こうして子どもたちは「(このような状況になっている) はこの中のクッキーは何こですか」という課題に行き着いたのだった。

子どもたちが行っている学習は「かけざん」である。この課題は、そのかけ算の学びを深めるために設定されたものであった。何個ずつ何列という課題設定は、「1当たり量×いくつ分」というかけ算の考え方で計算することができる。この課題は、そのかけ算の考え方を基本にしながら、さらに段になっていること、そのうえ、いちばん上の横の列だけ、4段ではなくなっているという、二重三重の負荷をかけたものなのである。

二年生の子どもにとって、それは簡単に解けるものではない。けれども、子どもたちは、このやや難しい課題を大歓迎で迎えて

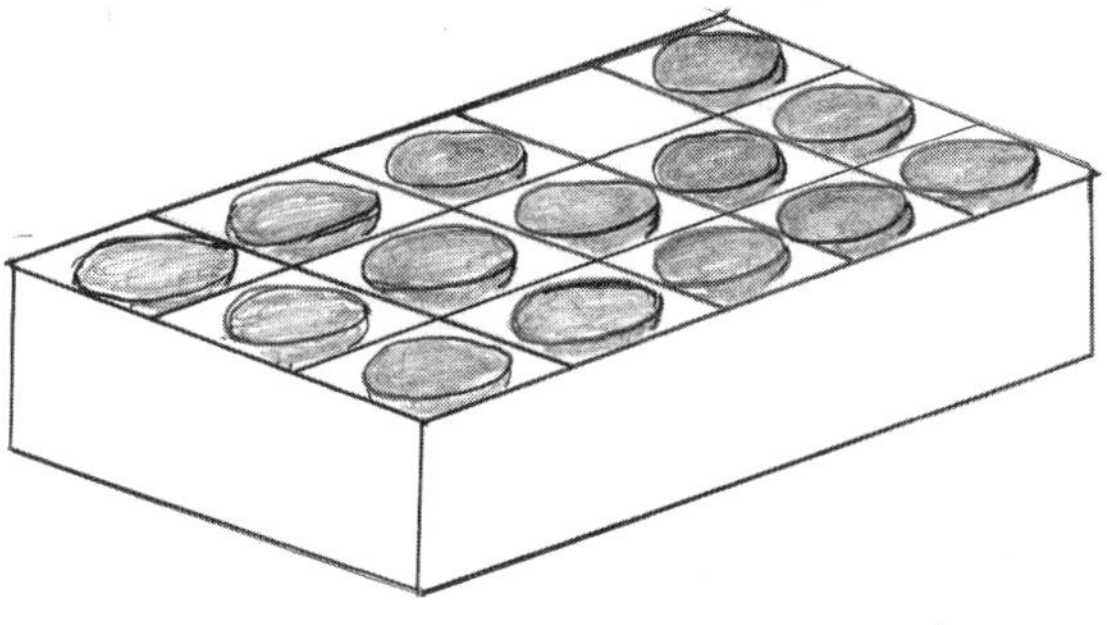

いる。なぜなのか。それは、どんなに難しくても、すぐには解けないほどの問題であっても、その方が、やりがいがあるからである。しかもペアで取り組んでよいということになっているから、算数が苦手な子どもにも安心感があるのだ。

下の写真は、「ジャンプの課題」が提示されてさほど時間がたっていない頃の様子である。身を乗り出すようにして一方の子どものノートに書かれていることを二人で見つめて考え合っているのだが、この子どもの真剣さ、夢中さ、親密さに感動する。さらに次のページ上の写真も、男の子が女の子のノートに書かれていることを指して、何か語りかけている。こういうていねいで温かいかかわりがあるからどの子どもも意欲的に取り組める。

子どもたちは、この時間のうちに三つの考え方を出してきた。一つは、3段の列と4段の列を別々のかけ算で出して、それを後で足して合わせるという「3×4＋4×5×2」である。

二つ目は、どの列も4段になっていたときの数を先に出しておいて、そこから食べた分を引くという「3×5×4—8」

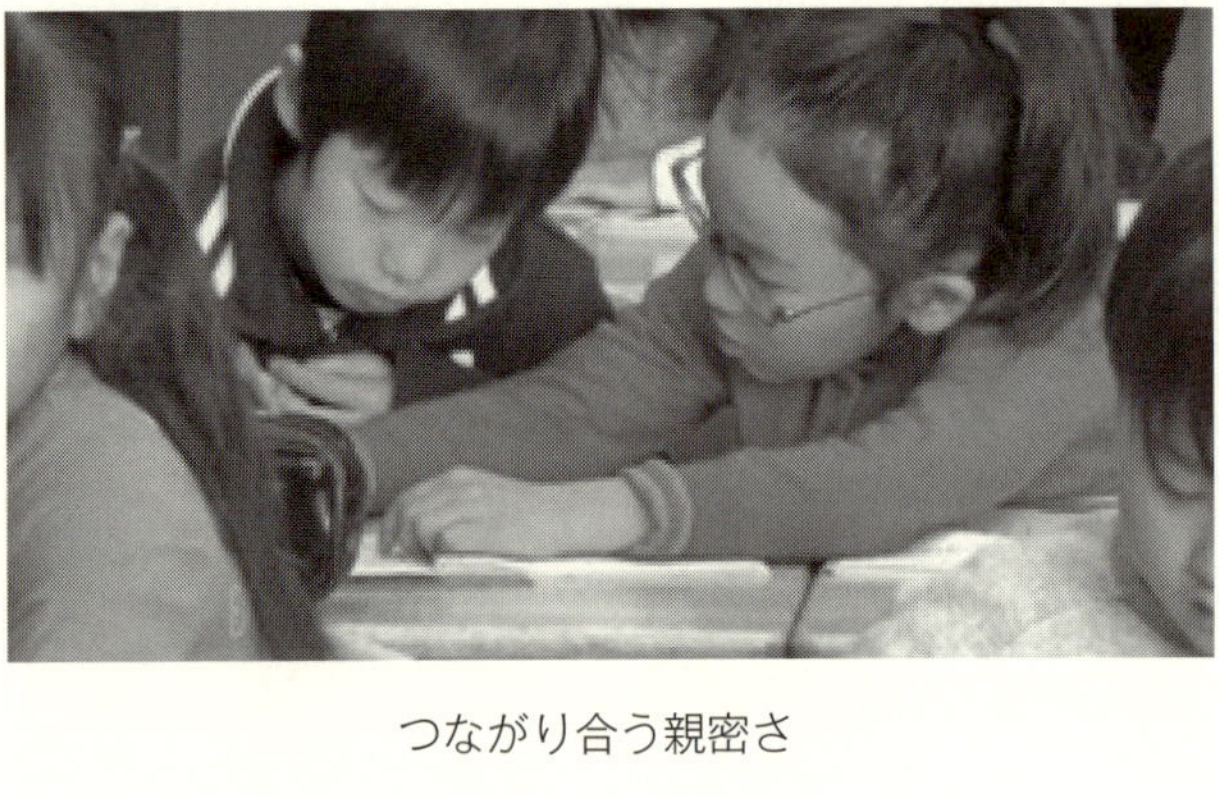

つながり合う親密さ

である。

そして、三つ目として出てきたのが「7×4＋4×6」であった。これは上図のように、クッキー3段のAと4段のBと合わせてクッキー7個と考えて、Cのクッキーを Dに移動すると、A＋Bの7個は4列になる。一方いちばん下の横の列は移動してきたDを含めて4段に積まれたクッキーが横に6あるということになるという考え方である。

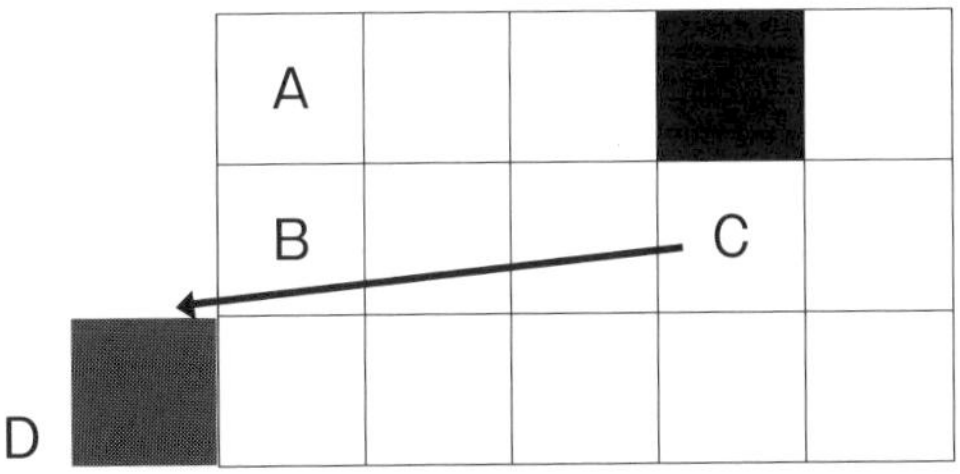

支え合い、考え合う

しかし、多くの子どもがこの考え方の意味がわからないようである。そのとき、山村さんはすかさずペアで考えさせている。前ページ下の写真はそのときのものである。子どもは、難しいことであっても、わかりたいと思えば一生懸命になる。ペアのかかわりも深くなる。

子どもの学びに対する夢中さは、まずよい課題によって生まれる。だから、子どもたちが考えてみたくなるような課題提示を心がけなければならない。次に必要なのは学び合う仲間である。三枚の写真がそれを物語っている。もちろん、それだけでなく、教師が子どもの探究に寄り添える教師でなければならない。そういう教師の下で、写真のような子どもが生まれる。山村さんのこの授業は、低学年の協同的学びにおけるその三条件をよく表している。

(2) 気づきを出し合って学び合う中学年のグループ（社会科）

一般に社会科の授業というと知識獲得型になりやすい。特に地理や歴史の学習はそうだ。もちろん知識を得ることがすべてよくないわけではない。けれども、その繰り返しでは学びは深まらないし魅力的にもならない。社会科の学習を「考える社会科」に変える、それが社会科学習の魅力化最大の方策である。そのために欠かせないのが「課題」である。課題が魅力的だと、子どもの学習は「探究」的になる。

「わたしたちの通学路は本当に安全だろうか」、これは「安全なくらしを守る」の授業で上畠直子さんが子どもたちに投げかけた課題だった。とは言っても、これがこの時間の本当の課題ではない。通学路の安全は子どもたち自身の問題である。にもかかわらず子どもたちはさほど気にしないで通っている可能性がある。それを子どもたちにじっくりと見つめさせる、そうすれば、どこがどうなっているか見えてくるだろう。そこから、だれが通学路を決めたのか、以前なかったものができているのはなぜか、そして、それはだれが設置したのか、などと、知らねばならないことが芋づる式に出てくるにちがいない。そのとき、「地域の安全はどのように守られているのか」という本当の学習課題がすがたを表すことになるだろう。上畠さんの出した課題は、そのように次第に発展していくものとして提示したものであった。

下の写真は授業が始まった頃の様子である。子どもたちが四人グループになっている。寄せた机の真ん中に一枚の印刷物が広げられている。ＰＴＡで作成された通学路の地図である。そこには、いろいろな建物やその間を縫うように走る道路が表示されているのだが、それだけでなくどこが危険箇所かの記載もある。その地図を見ながら、示されている箇所を確認するだけでなく、自分たちが感じている危険箇所も出し合っている。

ここも危険なのじゃない？

写真を見ていただいてわかるように、子どもたちの目が一点に集中している。その一点を、身を乗り出すようにしてのぞき込んでいる。そして、どの子どもも自分たちの通学の安全について真剣に考え、気づいたことを語り合っている。

下の写真はグループの場面ではない。一人の子どもが学級のみんなに話しているところである。通学路についてグループで意見を出し合った後、全体でも考えた。そのうち、通学路はだれがどうやって決めたのかを考えることになった。そのとき、ある交差点で事故が発生したことをこの子どもが話したのである。彼女は、事故の後、それまで信号のなかった交差点に信号がついたのだと語った。上畠さんは、そうなることを見越していたのだろう、その交差点を写した七年前の写真と現在の写真を用意していた。子どもたちは、その二枚を見比べ、七年間でいくつかのものが変わったりできたりしていることを見つける。そのことによって、通学路はこのままでよいかどうかの検討が絶えずされていて、必要に応じて安全性を高めるための措置がとられていることを知ることとなった。そして、その安全のた

あの交差点で交通事故があったの！

めの検討をしているのはだれなのかを考えて授業は終わったのだった。

授業経過を振り返ってみると、交通事故について写真の子どもが話をした前と後とでは学びの内容が変わっていることに気づく。前は、通学路が安全かどうかの意見交換だったのが、後では、安全性を高めるための措置がとられていることを知り、そこから「くらしの安全を守るための社会のしくみ」という本論に入っている。この子どもは、この時間の学びのギアチェンジという重要な役割を果たしていたのである。

学び合いは、ペアやグループだけで行うものではない。もちろんペアやグループにしない学び合いはその効果を大きく下げるものであり、それはなくてはならないものだが、学級全員の対話で学ぶ全体学習においても、学び合うように心がけるべきである。特に、この写真の場面のように、学級全体が、大きく学びを転回する場面における「全体学習の学び合い」は重要である。Ⅰ第1章において紹介した「大きさの異なる三角形でもいいのだ」という発見に学級全体が揺れた「三角形と角」の授業からもわかるように、学びの深まりの契機を生み出すのが全体学習である。この事例のように、ペアやグループ学習と全体学習の組み合わせによって、子どもによる探究と発見は生まれてくるのだろう。

(3)　声を合わせ、楽器を奏でるつながり（音楽科）

やらされる音楽ではなく、子どもがやりたいと思う音楽にしたい、それは、森井真奈美さん（現・

四日市市立神前小学校）がいつも言っていた言葉である。

二〇一二年、森井さんは音楽の教師として三年生以上一二学級の授業を行っていた。森井さんの授業はいつ参観しても、子どもが生き生きしている。歌う子どもの表情がよい。からだが音楽を楽しんでいる。森井さんが子どもたちにかける言葉がやわらかく音楽的である。一時間の授業の中にグループで相談したり演奏したりする時間が必ずある。時には、一〇分も一五分もかけて一つの曲をグループに取り組ませることもある。

そこには、森井さんの音楽にかける願い、子どもたちにかける思いがあった。あるとき、森井さんは、音楽の授業づくりについても次のようなことを述べている。「子どもがこんなふうに歌いたい、こう表現したいと願い、その思いを出し合って、

仲間とともに歌う

自分たちで創り上げたという満足感や達成感を、仲間とともに味わわせたい」

写真は、五年生の授業におけるものである。

歌う子どもの表情、からだを見ていただきたい。歌っている曲は、四日市市歌「クスノキの下で」である。市木であるクスノキの下で「幸せという素敵な気持ちを渡そう」という歌詞を、子どもたちはしっとりと歌いあげている。一人ひとりが、森井さんの願っているように「歌いたい」と思って歌っている。そして、何人もの子どもたちに次々と目を移していくと、そこに、歌うことを通してつながりが生まれているように感じられる。これが、「仲間とともに味わわせたい」ということなのだと納得する。

歌わされるのではなく歌いたいと思って歌う、そう思えるため、森井さんは、歌った後、子どもたちがグループになって気づいたことを聴き合う時間をとっている。

下の写真は、「ゆかいに歩けば」を歌った直後、何人かで聴き合っているところである。

グループでの取り組みがもっとも熱を帯びるのは器楽演奏のとき

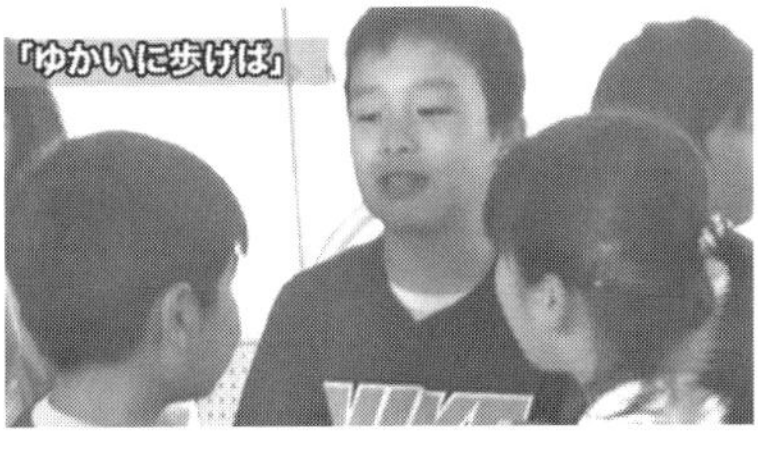

今の歌、どうだった？　と聴き合う

である。下の写真は「リボンのおどり」という曲に取り組んでいるときのものである。七人がそれぞれ別の楽器を担当して演奏するのだが、なかなか音が合わないので、どうしたらよいか相談しているのが上の写真である。

一人の子どもが「だれか合図を送ればよい」と言う。ではだれが合図を送るかということになり、何人かが代わり合ってやってみることになった。下の写真はその一場面である。太鼓を叩いている子どもが頭の上に手を挙げて合図をしているのがわかる。

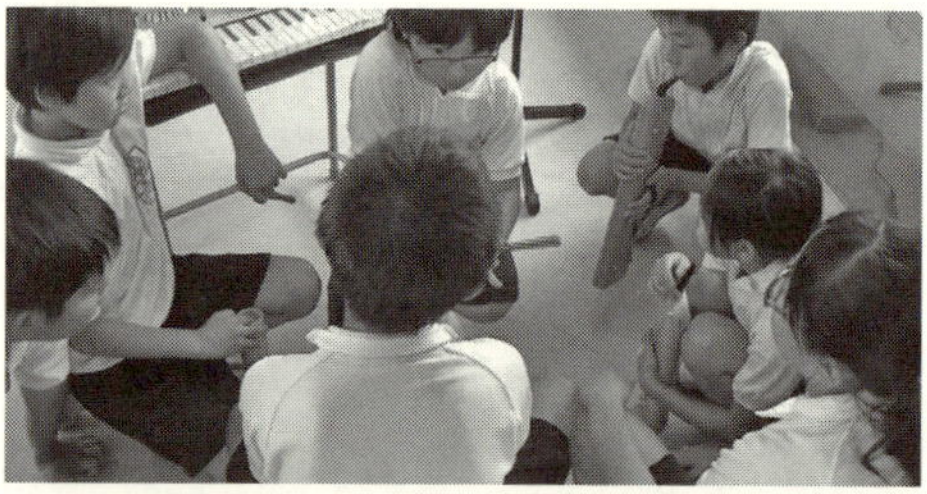

どうしたら音が合うだろう？

やらされるのではなく、子どもが取り組む学び、それは浜田小学校がすべての教科で取り組んできたことである。森井さんは、音楽こそそれが必要なのだと考えていたのだろう。その森井さんの思いと授業づくりが、こんなにも生き生きした音楽を生み出し、その音楽をからだ全体で表現する子ども、仲間とともに音楽を楽しみ味わう子どもを育てたのだ。

⑷　互いの演技を観る、気づく、伝える（体育科）

体育だけではないが、体育は特に、できるかできないかを意識してしまう教科である。だから、運動に苦手意識を持つ子どものほとんどが体育は嫌いだと言う。中でも跳び箱運動は、高いものを跳び越すことに対する怖さも手伝いあまり歓迎されない種目である。

豊田恵子さん（現・四日市市立内部東小学校）がその跳び箱運動を題材に浜田小学校四年生で授業をした。

体育館に入ると、小さい跳び箱4段の二連結、大きい跳び箱4段、ロイター板を少し離した大きい跳び箱5段、大きい跳び箱6段の四種類がすでにセッティングされていて、チャイムが鳴らないうちに、子どもたちの取り組みが始まった。意欲が前面に出ている。

子どもたちが目指しているのは「跳び越す」ということだけではない。豊田さんが子どもたちに示した課題は「ピタッと着地できる」ということだった。体育の学びが難度の高さだけに傾斜するのはよいことではない。自分の体を美しく安全に動かすということにもっと意識を注がなければならない。しかし、それは簡単なことではない。自分の動きが美しいかどうか自分ではわからないからである。そこで浜田小が取り組んでいる「学び合う学び」が力を発揮することになる。

次ページの写真①と②は、ユリが跳び箱を跳んだ連続写真である。写真からもわかるように、ユリは大きい跳び箱4段を跳び越すことができる。ところが、②の写真を見てわかるように、着地がピタッとならず、前につんのめってしまう。

　ユリのグループの子どもたちがそのことに気づいた。そして、ユリにもう一度跳ぶように言った。写真③で手前にいる子どもが手を挙げているのは跳んでよいという合図を送っているのだ。その子どもの前にはタブレット端末が置かれている。つまり、ユリが跳ぶ様子を撮影しようとしているのだ。

①

②

③

跳び終わったユリはすぐタブレット端末の所にかけ寄る。グループのみんなが集まる。タブレット端末に映し出されたユリの跳躍の姿。自分の跳ぶ姿をのぞき込むように見るユリ。そのユリの跳び方のどこがどうなのか、語り合うグループの子どもたち。それが写真④である。これは、子どもたちだけの「学び合い」である。子どもたちの後ろにいるのは授業の参観者であり、授業をしている豊田さんのすがたはここにはない。

大切なのは、この時間の課題である「ピタッと着地」を実現するため、そのことで苦労してい

④

⑤

「ピタッと着地」に向かって
～グループの取り組み

る仲間に、子どもたちが寄り添っていることだ。寄り添うとは言っても「がんばれ、がんばれ」という抽象的な声掛けをしているのではない。タブレット端末に映し出された映像をもとに、どこがどうなっていたのか具体的に指摘し合っているのだ。ユリは、自分が跳ぶ様子をながめながら、そんな仲間の言葉に耳を傾ける。学んでいるのはユリだけではない。ユリの跳躍をながめながら、開脚跳び越しで何が大切なのか、安全で美しい着地で大切なことは何なのか、ここに集まっている全員が学んでいる。互恵的な学びである。

そして、写真⑤。ユリが跳んでいる。そのユリの跳躍を見（観）つめるグループの子どもたち。子どもたちの視線は、跳ぶユリの体の動きにしっかりと注がれている。タブレット端末を観ながら考え合ったことがよかったのかどうなのか、子どもたちは真剣である。教師に言われるから観ているのではない。この視線の向け方には子どもたちの意思が感じられる。

浜田の子どもたちを、学ぶことに夢中になる子どもにしたい、つながり合い、学び合える子どもにしたい、浜田小学校の教師たちの願いは、このように少しずつ輪郭のはっきりしたものになってきている。

子どものすがたは、教師の取り組みを映し出す鏡である。教師はそのことを胸に置き、常に子どもを見（観）つめ、子どもにはたらきかけ、子どもと子どもをつなぎ、そのような子どもの豊かさを引き出すためならできることは何でもするという思いを忘れないでいたい。子どもたちは、そういう教師の思いにきっと応えてくれる。

第２章　つながり、支え合う子どもたち——課題で・読みで

小畑公志郎

１　夢中で学ぶ子どもたち

(1)　どの子も夢中——課題のレベル

奈良県御所市立大正小学校の三年生である。課題は下記のようなものであり、各グループに、１から９までのカードが各一枚ずつ配られている。□にカードを置き式を成立させるというものである。

わたしは大正小学校にこの子どもたちが入学する前から伺っており、一年生の時から、年に数回ではあるが、この子どもたちを見てきている。もう見ただけで背を向けてしまいそうな子、条件なしなら何とか取り組むであろうが、答が一番大きくなる場合とか一番

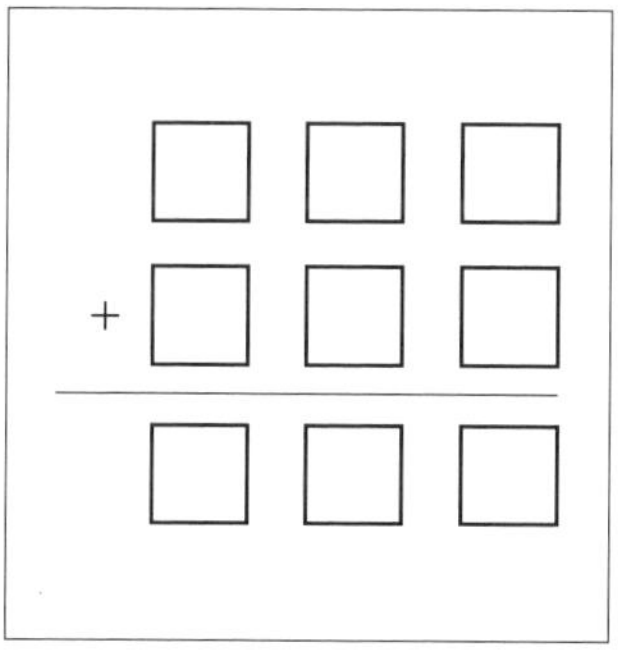

小さくなる場合などの条件がつくと途中で投げ出してしまうであろうと思われる子が多数である。一人で条件付きの最後までという子は、おそらく一人もいない。課題を考えたのは算数担当で、この時間の授業者である杉本憲彦さんだが、この子どもたちに、グループでなければできない、グループであっても解けないかもしれない課題を出したという姿勢が素晴らしいと思う。子どもたちにとって難しい課題だが、杉本さん自身にとっても大きな挑戦であったはずである。

わたしが大正小学校に伺った当初、どの教室にも授業に集中しない、できないでいる子どもたちが大勢いた。全学級を見せてもらうのだが、どのフロアでも廊下で教師に叱られている子どもがおり、それは日常的なことのようであった。

だが、子どもたちは素直だとわたしには見えた。授業の内容や在り方に対して敏感に反応しているのである。レベルの低い課題を一人でという授業のつまらなさに反応して、それを態度で表していると、わたしにはそう見えたのである。

レベルの高い課題をペア・グループで。大正小学校がそういう方向に向かいつつある中での杉本さんの授業であった。

当日学校に着くと、各学級の座席表と教材・課題が用意してあった。この三年生の課題を見た時、わたしはこれは子どもたちが必ず夢中になると直感した。だが、この授業はいわゆる研究授業ではない。わたしが各学級を見せてもらう時間の中の一つとしてある。わたしが一時間ずっと見るということはできないのである。そこで是非ビデオを撮ってほしいと研究主任に依頼した。おかげで、わたしがこの教室に入った時だけでなく、一時間の様子を知ることができた。

まず杉本さんが課題について話す。説明という程でもない簡単な話である。その後、課題の枠が印刷されたプリントとカードが配られる。

授業のメインは全体（一斉の形）で考え話しているところにあるという発想が根強くあり、だから、ペア・グループをどこで入れるかという話がよくされるのだが、わたしは違うと思っている。わたし自身の経験からも、また数多く見せてもらっている授業の中の子どもたちの姿からも、浮かび上がってくるのは子どもたち一人ひとりが一番学んでいるのは、学びの世界に入っているのは、ペア・グループの時、という事実である。だから、授業のメインはペア・グループでの学びにあり、全体をどこで入れるかと考えるべきだと思うのだが、杉本さんも同じように考えているようである。この授業では、全体でと言えるのは最初の説明の時だけであり、その後、子どもたちは時間の終わりまでずっとグループで考え学び続けている。これは、この子どもたちを一年生の時から、年に数回ではあるが、見てきているわたしには驚くべきことであった。杉本さんも途中、一、二回は全体を入れようと思っていたのだろうが、そのタイミングがなかったということであろう。そんなグループでの学びであった。

何よりも驚いたのは建夫さんであった。建夫さんは授業開始時にはテンションが高く、担任である石田さんが傍らにきて肩に手を置き落ち着かせようとするような状態にあった。最初の杉本さんの話もほとんど聴いていないようであった。だが、グループでの学びが始まると、全く人が変わったかのようであった。机上の課題プリントに覆い被さるようにして考え、時につぶやき、時に自分でカードを動かし、夢中という言葉がそのままあてはまるような姿であった。授業の内容や方法をつまらない、自分は入れないと感じた時には教室から出ていっても何の不思議もない建夫さんをこれほど夢中にさせるのは何なのであろうか。

建夫さんだけではない。教室を出ていかないまでも、すぐ投げ出して別のことを始めそうな恭子さん、学力的にわたしは駄目だとあきらめてポツンとはぐれそうな明子さん、口数は多いが課題に入るのが難しいことが多い新吾さん、自分がわかったと思うところだけは大声で主張したがる大介さん、黒板に書かれたものを写すことだけに専念しがちな奈穂さん……。二四人の子どもたちが一人残らず夢中になっているのである。しかもこれが最後まで続く。

子どもたちがこのように夢中になる理由の一つは課題にある。先に書いた通り、この課題は、隣の学級も含めて、この学校の三年生の子どもたちにとっては、答に条件がつくと一

子どもが夢中になるグループの学び

人で最後までという子は一人もいないというレベルのものである。これは重要な点である。先に掲げた明子さんだが、ほとんど言葉は発しない。自分でカードを動かすこともない。だが、身を乗り出してグループ机上の課題プリントを見つめている。同じグループの明さん、大介さん、新吾さんがカードを動かしていくのだが、考え考え動かすので当然カードの動きはおそい。明子さんが置かれたカードを見ながら考え得る時間が自然に生まれているのである。

子どもたちが夢中になる理由がもう一つある。これは一つ目の理由と密接につながっているのだが、「学び合い」でのグループのあり様である。

(2)　学び合う子どもたち——課題でつながる

まず建夫さんのグループだが、いわゆる「話し合い」がないのである。建夫さんは身を乗り出して課題プリントを見つめ考えている。時に実際カードを置いてみる。つぶやきながらである。同じグループの達明さん、陽子さん、そして奈穂さんも同様である。

陽子さんが「ここに5入れたら……」とつぶやく。だれに言っているのでもない。文字通りつぶやくのである。少し間があって「5じゃなくて4だったら……」と建夫さんがやはりつぶやく。陽子さんに言っているのではない。しかし、陽子さんのつぶやきはしっかり受け取っていて、それをふまえながら考えているのである。奈穂さんは達明さんのつぶやきに小さく頷いている。そこに4のカードを置いたのは建夫さんだが、四人とも課題プリントを見つめたままである。仲間のつぶやきを受け止めて、それぞれが考えているのである。

このグループだけではない。他の五つのグループも同様の雰囲気である。わたしはこの時間、他の教室を巡りながら、この教室には三回入ったが、子どもの直接的なやりとりを耳にしたのは行成さんと薫さんの「ここ6にしたら」「6やったらここが3になるから駄目やん」「ほんなら7やったら」「7?」と、重人さん、登志さん、桂子さんの「ここ7にしたら」「7は駄目。繰り上がりするから。百の位は繰り上がりしたら駄目」「ほんなら2」「2やったら上がらへんけど、こっちがあかんようになる」の二回のみである。ビデオでは子どもの声はほとんど聴き取れないのだが、直接的なやりとりがあるように見えるのは数回であって、あとはつぶやきと沈黙である。つまり、一般的に言われる会話が少ないのである。まして「話し合い」など皆無と言っていい。しかし、子どもたちは課題を通して間違いなくつながっているのである。「学び合い」の一つの典型的な姿がここにあるとわたしは思う。

「できた!」と建夫さんのグループが声を上げた。両手も突き上げて大喜びである。しかし、奈穂さんだけが一人、迷いのある表情で課題プリントの一か所を指差している。この時には他の三人は喜びが大きくて、奈穂さんの様子には気づかなかったようである。だが、ほっと一息ついたあたりで奈穂さんに気づいたようで、「うん?」という雰囲気になりはじめた。そこへ他のグループの傍らにいた杉本さんが来た。杉本さんはすぐに「違う!」などとは言わない。四人の子どもたちと検討を始める。この場面はビデオで、声も聴き取れないのだが、杉本さんが多くを話しているようには見えない。奈穂さんに話させようとしているようである。これはこの後の子どもたちに大きな影響があった。

間違いだとわかったのだが、杉本さんが一方的に間違いを指摘したのであれば、おそらく、その後の子どもたちの課題への向かい方もかなり雑なものになっていたのではないかと思う。だが、そうはならなかった。奈穂さんの存在が、そして、それを見て取った杉本さんの対応が大きかったのである。四人はそれまでと変わらない、いやそれ以上に夢中になって課題に向かったのである。しばらくして、また「できた！」との声。今度は大丈夫のようである。奈穂さんもほほえんでいる。他のグループからも「できた！」の声。「繰り上がりしたから」と悠太さんが踊るように体を動かしている。明子さんのグループもできた。「できた」と杉本さんに告げたのは明子さんである。杉本さんが各グループを回って確認している。どうやら答が一番大きくなる場合は各グループとも一致したようである。

⑶　子どもに任せて――子どもを夢中にさせる教師の対応

先にこの授業は最初の説明の時を除いて、あとはずっとグループであったと書いた。では、その時、授業者である杉本さんはどのようにしていたのであろうか。

杉本さんは各グループを見ている。そして時々近寄っていく。何か話している時があるのだが、わたしがこの教室に入った時にはほとんど聴き取れなかったし、それ以外の時間帯もビデオの音声には入っていない。普段、トーンが高めの杉本さんである。これはよほど意識的にそうしているのである。

見ていると、杉本さんが一番見ようとしているのは、各グループであきらめてはずれていく子がいないかであることがわかる。建夫さんのグループ、行成さん、薫さん、慎吾さん、奈菜さんのグループはとにかく夢中で考えているので、この二つのグループには「できた！」の声が上がるまで一度も近寄っていない。時に何か話しているのは、あきらめそうになった子をグループに戻すためのアドバイスのようである。課題自体を解くことに関しては子どもたちに任せているようである。

もちろん、課題によっては、全体で聴き合い考えるという時間が必要な場合があるのだが、この時間の課題に関してはその必要はないと考えているようである。子どもたちの様子からしてもそれは適切な判断だとわたしも思う。このような杉本さんの判断、対応によって、子どもたちは途中遮られることなく、夢中で学び続けたのである。

ほかにも杉本さんの工夫があった。それは数字のカードである。カードなしで書いてということになると、書いては消し書いては消し、またあちこちに書きなぐってプリントは汚くなり破れたりすることもあるであろう。そうなると子どもたちの集中は続かない。思考も雑になり、あきらめる子が次々と出てくるということになるであろう。

また、カードは1から9までが各一枚なので、課題には同じ数は二度使わないという条件があるのだが、そうなることはあり得ないし、その点について話をする必要さえない。そういったことへの杉本さんの配慮もまた大きかったのである。

2　支え合って学ぶ子どもたち

(1)　ペアで読む――一人ひとりが文に向かうために

兵庫県宝塚市立逆瀬台小学校の二年生。授業者は伊藤愛さん。当時二年目の若手教師である。作品は「きつねのおきゃくさま」（あまんきみこ・教育出版）、宝塚市で使っている教科書は光村図書だから、伊藤さんが選んだ作品である。

ペアで読んでいる。わたしが伺っている学校では文章をペアで読むのは珍しいことではない。むしろ多くの学級がそうしている。もちろん一時間の授業の中でずっとペアで読んでいるわけではない。一人で読む時間も当然あるのだが。

文章は基本的には一人で読むものである。しかし、実際には、特に低学年ではひら仮名を読むのが難しい子もいる。まして漢字となると尚更である。読めない文字があれば隣の子に訊けばいい。その通りなのだが、それでは隣の子の読みを何度も何度も止めてしまうことになる。二人でテキストを一冊にして交互に読めばいい。隣の子が指で追ってくれたり、読み方を教えてくれたりする。何より隣の子の読みを聴けるのがいい。

ペアで読む理由はそれだけではない。文字を読むこと自体は全く困らない。しかし、読みが速くて雑、こういうケースがよくある。これは中から高学年に多い。読み方については「スラスラ読めてよかったね」「速く読めるようになったね」、文章の中身については「この話は何がいいたいのだろう」「要点は？」「やま場はどこだ」というような文章への向かい方、そういう読み方をさせられてきた子どもたちの読み（音読）は速くて雑な場合が多いのである。これでは言葉や文にふれて想像したり感じたり、味わったりすることができなくなってしまう。隣の子の読みを聴き、交互にゆっくりとていねいに読む。そしてそれを一人での読みにつなげたい。

わたしはそう思うのだが、若い伊藤さんも同じような思いを持っているようである。

子どもたちは一文ずつ交代で読む。啓子さんは隣の健一さんが読むところも指で追っている。指の動きはゆったり

ペア読みをする子どもたち

している。健一さんは啓子さんの指の動きに合わせるように、一文字ずつ確かめるように読む。おもしろいのは啓子さんが自分で読む時である。啓子さんは速く読もうと思えば読める子どもである。しかし、それをしない。指の速さは変わらない。

ゆっくりと読む。そして、これが啓子さんが最初に受け取っていたきつねの姿を変えることになるのである。

吾人さんはぼそりぼそり読む。その読みはとてもいいのだが続かない。少し読むと別の方に気が行ってしまう。春陽さんはそういう吾人さんを支える。吾人さんの文への向かい様は一学期とは見違えるようである。

この授業でわたしが一番気になっていたのは、大介さんと真湖さんである。二人とも自分は一人で読める、ペアで読む必要はないと思っているようである。確かに二人とも一人で読める。だが一人で読むと速い。二人はテキストを一つにしているのだが、体は大きく離れていてそれぞれが自分で読んでいる。だが、この学級の特徴が二人を近づける。

この学級はペアで読みながら、途中で「ここおもしろい！」とか「かわいそう！」とかいったつぶやきのような話が入る。大介さんと真湖さんは読んではいるのだが集中しているわけではないので他のペアのそういった話が耳に入るのであろう。そして、どこのことを言っているのだろうと気になってくるのであろう、だんだんテキストに近づいていく。自然に二人はくっついていくことになる。

(2) ペアで読む――支え合って読む

この学級の子どもたちは隣の子と支え合ってよく読む。これは一学期からの経験が大きいのであろう。

一学期の「スイミー」の授業ビデオを伊藤さんから受け取った。ペアで読んでいる。しかし、ペアで読むことを始めて間もないということもあって、ぎこちないペアも目につく。この時、吾人さんの隣は香菜子さんであった。香菜子さんの指はくらげの挿し絵があるページの三、四行目あたりをさしている。だが吾人さんは一向に読もうとする気配がない。目は挿し絵の方に向いたままである。香菜子さんは少し苛立っている。伊藤さんが近くに来た。音声は聴き取れないが、口の動きからすると「吾人さん読んでくれへん」と訴えている。

香菜子さんはスラスラと速く読みたい子だった。だから「たんぽぽのちえ」の時、この時はまだ各自で読むだけだったのだが、ほとんど挿し絵には目もくれずに読んでいた。当然学級内では読み終わりの速さで一、二を争うという子である。

ところがその香菜子さんに変化が表れる。伊藤さんがテキストの挿し絵を指差しながら何か言っている。香菜子さんの目も挿し絵に向く。吾人さんの目は次のページの挿し絵に向いている。伊藤さんはその場を離れる。香菜子さんは吾人さんに文の読みを促すが、先の苛立った様子はもうない。

どのペアも読み終わって、伊藤さんが、「ペアで読んでみてどうだった」と訊いた。武さんが「おもしろかった」と言い、環さんが「楽しかった」と言った後、伊藤さんは香菜子さんを指名した。香菜子さんは「吾ちゃん、全然読んでくれへんから困ってたけど、先生が『絵がきれいやからちゃう』言ったから、わたしも見たらきれかった（きれいだった）」と言った。「ここの絵もきれいで」という声があがる。「スイミー、この絵見て元気になったんちゃうん?」と悠太さん。「スイミーって、絵見たん?」「スイミーが見たんは本物やろ」……。と、伊藤さんが音読に戻すまでの間、話は続くのだが、こういう経験をすることで、子どもたちは言葉にできるほど確かなものではないにしても、なかなか読まない子、ゆっくり読む子、よく間違う子などの読みにも何かあると感じ始めているのである。

「きつねのおきゃくさま」の読みが続いている。途中に話をはさみながらだが、読みは三〇分程続く。その間、伊藤さんは子どもたちの傍らにしゃがみ込んでは、微笑んで、時に頷きながら読みを、話を聴いている。子どもたちが何か言ってきた時に短い対応をするだけで、自分の方から何か働きかけるということはまずない。

「読んでみてどうだった?」と伊藤さんが訊く。春陽さんが言う。「わたし、最初読んだ時は、七二ページの『いや、まだ　いるぞ。きつねが　いるぞ』って、おおかみが言ったと思ってたけど、吾人さんと読んでたら、言ったんきつねとちがうかなと思った」と。「え!」と波紋が広がる。これは啓子さんも言っていた。わたしが啓子さんと健一さんのペアに近づいた時である。健一さんが啓子さんの指に合わせてそこを読んだ時、それを聴いていた啓子さんが「これってきつねが言ったん」とつぶやくように言っている。

姿だけ見ていると、春陽さんが吾人さんを、桂子さんは健一さんを、一方的に支えているように見える。しかし、そうではない。春陽さんは吾人さんと読むことで、桂子さんは健一さんと読むことで、それぞれが持っていた思いを揺らしているのである。子どもたちは支え合っているのである。

3 読みにひたる子どもたち

(1) 作品に向き合う——音読を中心に

大仙小学校の田良原恒さんがセミナーの分科会で実践報告をしたのは第一六回の時である。五年生、教材は「風切るつばさ」、授業日は三学期修了式の六日前、堺市の国語教科書は光村図書だが、既に終えていることもあって東京書籍六年の教科書から採っている。

この実践報告が出されるにあたっては少々経緯がある。この年、わたしは田良原さんから「わらぐつの中の神様」の授業ビデオを受け取っていた。これが読みを中心とした非常にいい感じの授業であったので、翌年度のセミナー分科会での報告候補として連絡をしていた。その後でこの

「風切るつばさ」の授業ビデオが届いた。早速見てみると、読み（音読）が素晴らしい。「淡々」という言葉には新明解国語辞典によると「気負いや構えたところが全く見られず、自然で落ち着いた態度である様子だ」との意があるが、全くそういった感じで、聴いているわたしも心地よくなるような読みであった。こちらにしようと思ったわたしは、まず田良原さんに連絡を取り、会にも差し替えをお願いした。

田良原さんは指名読みから始めた。陽介さんが読む。これが先のまさに「淡々」という感じで素晴らしい。聴く子どもたちもテキストを見つめて、物語の世界に引き込まれていっているようである。次に令子さん。陽介さんの読みを受ける感じでこれも心地よい。

三人目に仲佳さん。仲佳さんの読みは辿々しい。読めない漢字も多く、隣の菜子さんに尋ねながら読むのだが一生懸命文に向かっていることがひしひしと伝わってくる読みだ。大仙小学校では、わたしが伺う時、それが一時間に多くの学級が入っていて短い時間しかその学級を見られない時でも、多くの学級でわたしのための椅子が用意してある。田良原さんの学級もそうである。そして、わたしの椅子のすぐ近くに仲佳さんの席がある。一年間に六、七回伺うのだが、いつもそうである。仲佳さんはわたしが特に注目している子の一人なのである。

仲佳さんが読み終わって、田良原さんが「何か感じたこと、気がついたことがあるかな?」と訊いた。映像の範囲で五人が挙手。しかし、田良原さんがここでだれかを指名することはない。この授業だけでなく、いつもそうである。言葉にできるような感じ方をした子がどれくらいいるかを見ているようである。「じゃあ、もう一回それぞれ読んでみて」と各自の読みに戻す。子どもたちはすぐに読み始める。落ち着いてゆったりとした、心地よい読みである。

殆んどの子どもたちが最後まで読んだ時、仲佳さんは「ある朝、クルルは飛べなくなっていた」という文を読んでいる。「風切るつばさ」は教科書で六ページ、挿し絵を除くと四ページ半程の物語だが、この「ある朝、クルルは飛べなくなっていた」は全文のほぼ真ん中あたりにある文である。仲佳さんの読む声だけが残って、まるで指名読みのような感じである。隣の菜子さんに訊ねながら読む。子どもたちは仲佳さんの読みを聴きながら文に目を落としている。写真はその時のものだが、その時の様子を田良原さんは報告の文書に「その後のめいめい読みでは、隣の子に読み方をきかれたら、自分の読みを止めて、さりげなく伝える子。安心した雰囲気の中で、

仲間とつながり合って音読に向かう子どもたち

つまりながらも最後まで読む子。その子が読み終わるまで、全員でテキストに目を落とす姿。この時期だからこそ、子どもたちの学びに向かう姿と学級の雰囲気に感動すら覚えました」と記しているが、まさにそのような雰囲気であった。

⑵　グループで聴く――聴きたいからグループに

仲佳さんが読み終わって、田良原さんは「クルルとカララとどちらが好き?」と訊いた。そして、「線を引いてみて。引けたら聴き合って」と言う。

まず「どちらが好き?」だが、わたしが伺う学校では「登場人物の中でだれが好き?」または「どの場面が好き?」という問いかけをよく耳にする。これは言葉、文にふれてイメージしたり、味わったりするために何度もていねいに読んでほしいと思い、そのきっかけとして発せられる問いのようだが、実際どの学級でもこの問いかけの後の発言は必ず言葉や文にふれながらのものになるので、教師の思いは子どもたちに届くようである。また「好き?」なので理屈っぽくもならない。

次にグループだが、田良原さんの学級では、教師が「グループで」と指示して、全体が一斉にグループの態勢になるということはない。ペアで読んだり、考えたり、聴き合ったりしながら、他のペアの思いも聴きたい、あるいは訊いてみたいとなったところでグループ態勢になるのである。だから、早目にグループになるところとペアの時間が長目になるところとがでてくる。田良原さんはいつグループにするかという判断を子どもたちに任せているのである。

これはこれでいいと思う。もちろん最初からグループ態勢になっている、授業の中で教師の指示により一斉にコの字からグループに移るということもいいと思う。「学びの共同体」「学び合う学び」には大きな原則はあるが、固定的な方式やパターンはないという意味で、目の前の子どもたちの事実をもとに柔軟に考えていけばよいのである。

さて、そのグループ。ボソボソとテキストの文を指しながら話をし、聴いている。やがてグループ以外の人の思いも聴いてみようということになった。映像では六人の挙手があったが、挙手をしていない澄江さんが指名された。澄江さんはクルルがカララをつき飛ばすように羽ばたいたところを文に即して話した。その時のクルルが好きだということなのだが、「カララはそれを合図に飛び上がった」の「合図」や「気がつくと、クルルの体も空にまい上がっていた」の「気がつくと」が、澄江さんがそれを口にしたわけではないのだが、イメージになりにくいような感じであった。続いて指名された華代さんもクルルについてであった。ここで田良原さんはグループに戻す。

(3) 思いを聴いて読む――グループで読む

子どもたちは全体で二人の思いを聴いた。二人ともクルルが好きだということはわかった。それと同時に口に出さなかったが、読み描けていない言葉や文があることも感じ取った。再び文に向かいボソリボソリと話をし、聴く。この時の表情がいい。

I第2章でも述べたが、子どもたちは少人数、つまりペアやグループの時に一番学んでいる。

全体で聴き合うことは必要なのだが、そこで聴いたことを自分の思いに重ねながら人とつながって教材に向かえるのはペア・グループの時なのである。

この授業でも二人の思いを聴いてグループに戻したのは的確な判断であった。ビデオ映像ではグループでの話し声は聴き取れないのだが、口の動きからすると、陽介さん、宏子さん、智代さん、俊一さんのグループは「気がつくと」のところが気になっているようである。雰囲気からすると、「その瞬間、クルルはカラをつき飛ばすように羽ばたいた」の、この動きにもクルル自身は気がついていない、殆ど無意識に近いものだったのではないかと感じているかのようでもあった。全体で何人も続けて発言させているとまずこうはならない。

やがてかすかだが文を音読する声が聴こえてきた。二つのグループが音読を始めたのである。聴こえてくるのは映像画面に入っていない英雄さんの声のようだが、グループで回して読んでいる。なんと、授業中にフッと気が抜けることが多い義克さんの口が動いているではないか。隣の邦花さんと少し話してはテキストに向かって読んでいる。このグループでの音読は田良原さんが指示したものではない。この時の様子について田良原さんは「また、グループで聴き合っているなかで、テキストの言葉に触れ、テキストにもどって学びを深めていました。その中の二つのグループの子どもたちは自らテキストを読み始めました。何とも言えず、微笑ましい姿でした。このようなことが、これから、どのグループにも広がればと感じました」と記している。子どもたちは、「学んで」いたのである。

ちなみにこの子どもたちは四年生時まで学力的にも堺市内で最底辺にあった。だが、六年時の学力テストでは全国平均越えまで伸ばして中学校に進学していった。

第3章　夢中になって学びに向かう子ども

佐藤　雅彰

1　なぜ子どもは退屈するのか、なぜ学びを諦めるのか

「夢中になって学びに向かう子ども」の前に、なぜ子どもは学びに夢中になれずに退屈するのだろうか、なぜ学びを諦めるのだろうか。

【自力解決のとき】

例えば、数学や科学で練習問題を解く場合、子どもが夢中になっているか、退屈しているか、困り感を示しているか、子どもの学ぶ姿を見ればわかる。早々と問題解決した子どもは手持ち無沙汰で退屈する。一方問題が解けない子どもは、困り感を示しながら、どうしていいのかわからずに諦める。

その原因が自力解決にあることに気づかない教師は、自力解決は大事だと言う。なぜ自力解決でなければならないのだろうか。なぜ他者への依存を嫌うのだろうか。子どもが一人で解けない

とき、たっぷり仲間に依存できる、友だちから質問を受けた子どもが納得のいくまで説明をする。そのどこがいけないのだろうか。

自力解決で見捨てられたまま、だれにもケアされない子どもがいるのに、教師は「できた人いますか……。○○さん、では前で説明してくれますか」と。指名された子どもが解法を板書し説明をする。結局、できない子どもは仲間の説明を聞きながら、ひたすら板書事項をノートに書き写す。

佐藤学学習院大学教授は「板書事項を写す子どもは、寝ている子どもと同質であり、脳は思考停止である」と。協同的学びに取り組んでいる福岡県みやま市立大江小学校（当時藤木文博校長）の子どもが振り返りで次のように書いている。「わたしのグループで二人が解けていなかったので、わからないところを聞いて、説明をしたらわかってくれました。そこで、三人で、もっと簡単に解けるような方法を考えました。そのおかげで、わたしの考えもはっきりしたものになり、自分で納得できました。だから、あらためてわからない人に寄り添うことの大切さを学びました」と。

仲間と共に学び合うことは、仲間の助けを借りて今日わかったら明日は一人でできるかもしれない。そうした可能性のある活動であり、自立した子どもを育てる。

【課題（問題）が易しすぎる】

グループ活動で練習問題を解く場合、子ども一人ひとりが黙々として解き、だれも「教えて」と言わずに問題が解決してしまうことがある。子どもたちの中に差異が生ずるときに協同的学びは有効である。子どもは問題が易しいときほど退屈する。

【子どもが見えない教師のとき】

子どもが見える教師は、子ども同士でどのような言語活動（対話）をしているか。また、どのようなことで困ったり、つまずいたりしているか、子どもの学びの姿を丁寧に見ている。特に学びの中で孤立したり、学ぶことを諦めたりしている子どもたちを見捨てていない。

子どもが見えない教師は、目に見えるものしか大事にしない。目に見えないものを見る力を自覚的に磨かないと子どもは安心して夢中になって学べない。これを磨いていないから、問題が解けない子どもの一部が学びを諦める。教えることが上手な人とは、教科論中心で、教科の教え方が上手な人ではない。教えることが上手な教師は、か弱く傷つきやすい子どもたちの気持ちをわかり、諦めずにかかわっていく優しさと強靭さが表れている人だと思う。

【個の学びが保障されないとき】

アクティブ・ラーニングによってペアやグループ活動を組み込む学校が増えた。けれども、その活動が低学力層の底上げや子ども一人ひとりの学びを保障することになっていない。なぜだろうか。それはグループ活動に対する誤解である。例えば既に知っていることを子ども同士で話し合うだけだったり、あるいはグループの意見を一つにまとめたり、グループ活動後に班代表が発表する。だらだらと「話し合う」グループ活動、グループの意見をまとめて代表が発表とする「発表型」は、個の学びが無視され、孤立する子どもが見られる。

【教師の長いおしゃべりのとき】

教師は、子どもに考えさせる授業と言いながら子どもの沈黙が怖い。怖いからすぐにしゃべりだす。また教える内容が多いからとついつい長話をする。教師側はそれで満足かもしれない。けれども子どもが注意深く聞くことのできる時間は、小学校低学年で二分ほど、中学生で五分程度だろうか。教師の声が子どもの心に届かなくなったとき、子どもの身体は崩れる。特に、答え合わせなど、くどくどと説明する教師がいる。すでに知ってしまったことは、できる子どもにとって退屈な時間である。

二〇一六年一一月、東京江戸川区の中学校を訪問したとき、ニュージーランドで語学研修を受けた先生から興味深いお話を聴いた。それは研修中、外国人講師から注意を受けたコメントの話である。それが「教師のおしゃべりを減らす、子ども同士の活動を入れる、子どもを見とること」だった。授業づくりの一助にしたい。

2　子どもが夢中になるとき

(1)　教師と子どもの関係がいい　→　信頼

まず教師と子どもとのよりよい関係を構築することである。授業において、教師は子どものわからないという気持ち（どうしたらいいのかわからない辛さ・悔しさ・悲しさ等）を共有し、そうした気持ちに寄り添った子どもへのかかわりをしたい。けれども一部の教師は、教えることを使命にし、子どもの困り感などを見ていない。子どもを見ていない教師が、表面的に子どもをケアしても、子どもはケアされているとは思わず、教師を信頼することはない。

下の写真は二〇一四年のセミナーで報告をされた高知県高知市立横浜中学校の大石祐千先生の子どもへのかかわり方である。子どもは信頼した人からしか学ばない。わたしが教師になった当初、先輩教師から「ズボンにしわのできる教師はいい教師になる」と言われた。大石先生はごく自然にそれができている。

ズボンにしわのできる教師に

(2) 子ども同士の関係のよさと居場所感　↓　安心

ただ、教師が子ども一人ひとりに個別指導したとしても限界がある。教師が子どもを丸ごと引き受けることは大事だが、仲間が仲間を丸ごと引き受けることは、それ以上に大切である。一人で困ったとき、気軽に相談ができる仲間がいれば、子どもは決して学びを諦めない。

次ページ右の写真は大阪府茨木市立郡山小学校のペア活動である。二人が寄り添うようにして問題を解こうとしている。その姿は信頼し合う関係がなければ決して見ることのできない微笑ましい光景である。子どもが安心して学習に没頭しているとき、子ども同士の距離が近くなる。まさに学び合う学びによって子どもの学びがひらかれる。

こうした関係はどう作られるのだろうか。少なくとも従前の一斉型授業だけでは決して作られるものではない。授業の中で協同的学びを組み込むなど、工夫が必要である。

左の写真は、茨城県牛久市立下根中学校のグループ活動による協同的学びである。一人で問題が解けない子どもが、主体的に仲間に訊き、納得のいく説明を受ける。子どもの「わかった」という経験が学びの転機になる。他者に訊く行為を嫌う人がいるが、訊くことは主体的であって、共に学び合う子どもたちの表情は柔らかく、真剣で、美しい。

(3) 課題のレベルを高くして深く学ぶ（ジャンプ課題）

子どもが夢中になるのは、与えられた課題が教科書レベルよりも高いとか、解いてみたい、考えてみたいと思うときである。しかも子どもたちは、自分の能力よりもやや高いジャンプ課題の方が、み

寄り添って学ぶ子ども

主体的に仲間に訊く

んなで学び合うことができ、効力感を獲得できる可能性があるとして受け入れている。もちろんレベルが高い課題を解くためには、基礎・基本の理解が必要である。そのために、まず授業の前半で共有問題、つまり教科書レベルで基礎・基本の定着を図る手段として小グループ活動がある。特に、その活動で低学力層の底上げをしたい。

問題は、ジャンプ課題をどう準備するかである。教科によってはジャンプというより、より深く学ぶという授業構成もある。教材内容によっても異なる。多忙な教師にとっては、その課題を考える時間もままならない。そこで、学びの共同体の仲間同士でネットワークを組み、情報を共有することも大事である。

下の図は、高知市立横浜中学校の大石祐千先生のジャンプ問題である。数学や科学では、この例のように既に学んだ内容・知識と関連付けた総合的な問題が多い。

大石先生は、授業構成をつくるとき「前半は平方根の知識と基礎的な技能の定着を目指し、ジャンプ問題は、前半で獲得した知識・技能を使ってみる活動と位置付ける。ジャンプ課題によって、基礎・基本の問い直しだけでなく、中・高学力層のやる気を起こさせた

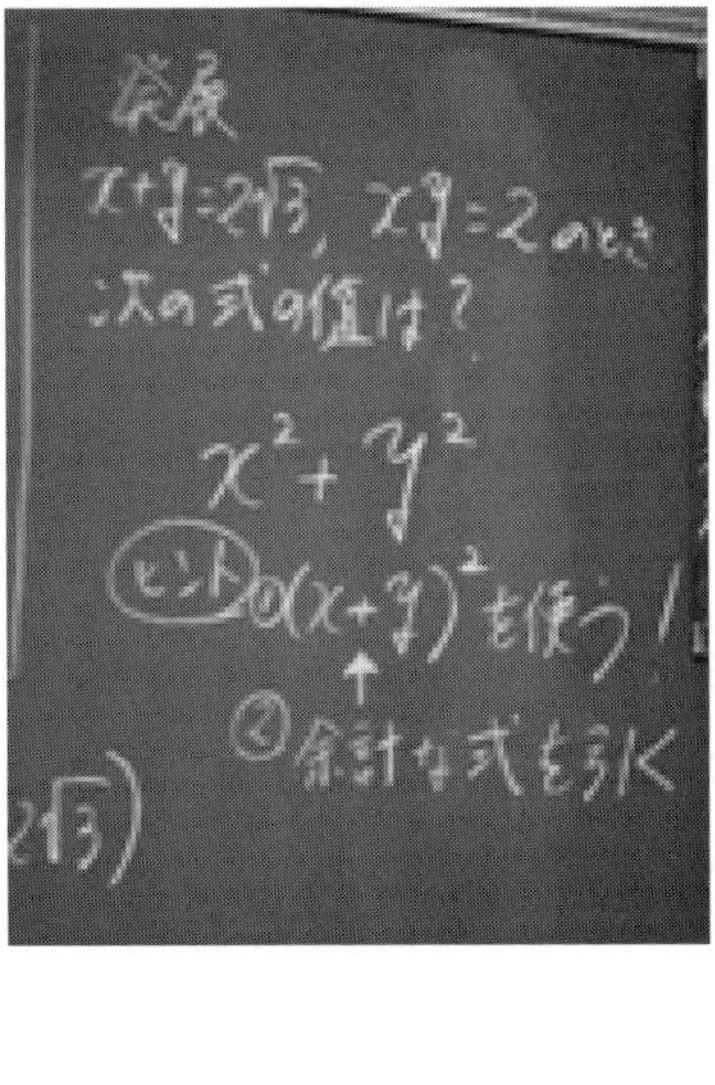

かった」という。

小学校の例として、茨城県牛久市立ひたち野うしく小学校の課題である。下の黒板の写真は、左側が授業前半の「共有問題」、右側が授業後半で扱う「ジャンプ問題」である。直線m上にある半径20㎝の円を右にａ㎝移動させたときの写真の黒塗り部分の面積を求めるのである。どのように求めるか？ その解法については、長方形の面積、正方形の面積、４分円の面積などの求積が必要であり、前半の共有問題で使った考えも活用することになる。

実は、どんなによいジャンプ課題が準備されても解決までいたらない授業が多い。その理由は「前半の基礎・基本が解ければそれでよい」という考えが、教える側にあるからだろう。効率的な授業展開も考えたい。

ところで時間がなく、解決まで至らなかった子どもたちの悔しさは、学びの動機になる。牛久市立ひたち野うしく小学校の子どもたちは、「次の時間も解きたい」と担任に願う。そうした子どもの表情は真剣そのものである。担任は、その真剣さに押され「じゃあ、今日中にやろうか」と対応する。

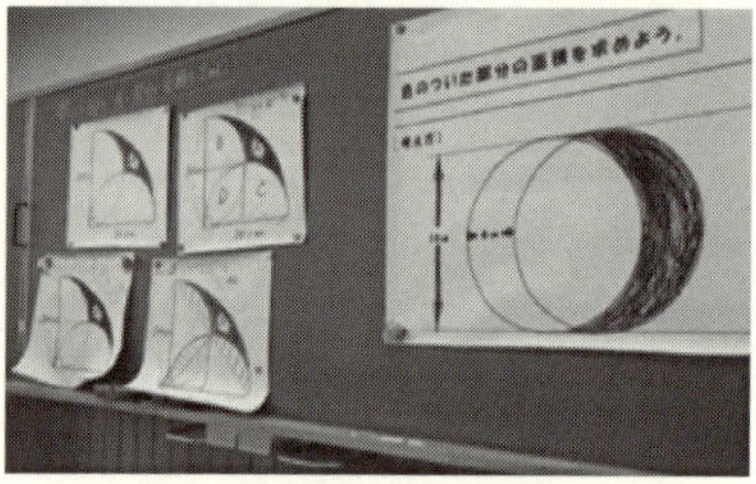

右「ジャンプ問題」

次の時間もと意欲を燃やす

子どもたちが思わず「やった‼」とガッツポーズをした風景である。少し頑張れば解けるかもしれない。それがやる気をださせる。

(4) 夢中になって学ぶための教材づくりで、学びが広がる可能性
——二〇一五年　滋賀県大津市立志賀中学校　田中やよい教諭「現在完了形」

子どもが夢中になるのは、教師や仲間との関係だけではない。田中やよい先生は、英語は技能教科的な側面があり、基本文を暗記しなければ会話は難しいと日頃から考えている。そこで毎時間、帯活動としてペア活動を組み込み、教科書の基本文型や単語を暗記するための会話トレーニングをしている。ところが、教師によっては、暗記の名目で小テスト（評価）を課す人がいる。しかし授業の最初の小テストは、時に「できない子」としてレッテルを貼ってしまう恐れがある。ある子どもは、そうしたレッテルを貼られないために、わざと何も書かない。そうして自己防衛するとともに学びから離脱する。田中先生の帯活動は、そうした子どもがいない。

ところで、教科書レベルの英文は、下のように非常に簡単である。現在完了形の例文である。これだけの例文では、中・高学力層にとっ

A: How long have you lived in Japan?
B: I have lived in Japan for three years.
A: How long have you played the piano?
B: I have played the piano since I was three.

ては簡単すぎる。もちろん、授業では文の暗記だけではない。文中の単語を変えることで別の表現活動もできる。文法的（語順）な説明なども必要である。実際、田中先生は教科書よりも多く

The Oak and the Reeds

There was a great oak tree on the bank of a river. It had lived there for many years.

It had its strong roots in the ground. The oak tree always said, “I am stronger than any other tree.”

It looked down on all the other trees. Some reeds grew in the river. The wind sometimes blew hard.

Then the reeds bowed their heads low. But the oak tree did not bow its head.

“Poor reeds!” said the oak tree. “You always bow before the wind. But watch me. I never bow. I am stronger than the wind.” “Don’t worry about us,” said the reeds. “The wind does not harm us. We have lived here for a long time. We bow before the wind, and it passes away.”

One day there was a storm. The reeds bowed their heads low.

But the oak tree did not bow its head. It fought against the storm. The wind was very strong.

All at once, the great oak tree fell. It fell into the river and lay among the reeds.

このお話で筆者が言いたかったことは？

(　　　　　　　　　　　　　　　　　　　　)

の自己表現活動を取り入れている。

それでも、教科書だけでは課題のレベルが低く、できる子どもは退屈してしまう。そこで、田中先生は、教科書レベルよりも高く、子どもが夢中になって学ぶことを目指してイソップ物語「樫の木と葦」を英文にして使用された。

子どもは絵本で内容を知っていることも関心を引き寄せた。その英文には現在完了形だけでなく、過去完了形（高校で扱う）まで含まれている。

この問題は、既有知識を使ってみる活動としては、やや問題は難しい。けれども、それが自然と仲間同士での協働・協同につながる。写真で見るように仲間とともに単語を調べ、本文訳を考える。課題のレベルが高い方が子どもは真剣で夢中になって学ぶとともに一緒に学ぶことで効力感も高くなる。

仲間とともに

⑸ インパクトのある導入と夢中になって学ぶための工夫

――二〇一四年　三年・理科「滑車」愛知県小牧市立味岡中学校　浅井博晶教諭

味岡中学校では、「學び力」を「自らをひらき、周りの他者からいろいろなことを受け取り、自らを豊かにしていくための力」と定義している。浅井先生は、それを受けながらも理科授業に対する思い入れを次のように語る。

わたしは、「わからないことを楽しもう」と子どもたちに、常々語っている。理科の授業は、わからないこととの出会いの連続である。そのわからないことに出会ったとき、「それはどうしてか」「なぜそうなるのか」を探り、それを解き明かすことも自然科学の面白さの一つだと思っている。自然の事物や環境に生徒たちが出会ったら「どうして?」「何がおきているか」と不思議に感じ、「〇〇じゃない」「□□だったら△△になっているんじゃない」と夢中になって探究している姿があらわれる授業は、子どもたちに「學び力」を育む授業の一つの姿だと考えている。

子どもが夢中になるには、まず教師自身が理科授業での探究の面白さを知っていること、その上で子どもとともに楽しむ気持ちが必要である。

【学びの文脈】

浅井先生は、理科授業の中心的な面白さとして、自然の事物や現象に出会い、「どうして」「何が起きているの」など不思議さを感ずるとともに、「なぜそうなるのか」と夢中になって探究することだと考えている。

〈授業構想〉

1　滑車を使った演示実験から気づいたこと、定滑車と動滑車のちがい
①　定滑車のみで20kg程度のものを持ち上げる。
②　組み合わせ滑車で20kg程度を持ち上げる様子を見る。
2　滑車の秘密を探る
①　定滑車の場合
②　動滑車の場合
3　なぜ組み合わせ滑車だと持ち上げられたか
4　振り返り

【子どもが夢中になるには、未知の事柄の探究】

そのために、導入時の「自然の事物や現象とのかかわり」は二つの視点を大切にされたという。一つは夢中になって考えたくなるようなインパクトのある出会い。もう一つは、具体物を使った観察やモデル実験を取り入れることである。写真は「定滑車1個のみで20kg程度の物を持ち上げる実験」に使用した滑車モデルである。

まず浅井先生の笑顔がいい。教師が、このモデルに惚れ込み、これで学ばせたいという思いは、

子どもたちにも通ずる。その第一歩は、教師が教材にまず惚れ込むこと。教科書にあるから「仕方なしに教える」では、子どもは夢中になれない。

この定滑車モデルを使った実験では、男子と女子が引き上げに挑戦した。男子はかろうじて持ち上げられたが、女子は持ち上げられなかった（写真右は、重さが20kgの荷物をもちあげている）。

次に組み合わせ滑車によるモデルが登場し、演示実験となる。モデル（写真左）は、上部に定滑車が3個、下部に動滑車が3個の「組み合わせ滑車」である。

この実験装置を見た子どもたちから「すげぇ～」「お～」の声が上がる。確かにインパクトのある導入で、子どもたちの心をつかむ。この装置に、滑車1個の実験で荷物を持ち上げられなかった女子がチャレンジする。今度はなんとか20kg程のものを持ち上げられた。そこで本時の探究課題「なぜ、持ち上げることができたのか」が生まれる。

ところで、浅井先生は、実験を行うとき、インパクトのある導入だけでなく、実験過程での丁寧な観察を大事にされる。だ

滑車のモデルで実験

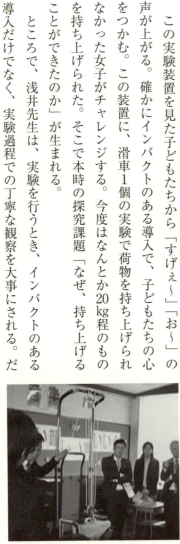

からこそ、子どもたちは「組み合わせ滑車の時、簡単な力だけど、なんか時間がかかったような気がした」とか、「組み合わせ滑車の方が、ひもの引っ張る長さが長くなる」などと細かく見ている。実験は結果だけではなく、過程での変化の様子も観察したい。

【なぜ組み合わせ滑車だと持ち上げられたのか、探究過程】

当然、この質問に子どもたちは答えられない。グループの会話に耳を傾けると「まるっきりわからない」という言葉が飛び交う。それもそのはずである。まだ定滑車、動滑車の性質を知らないからである。そこで、未知の事柄として定滑車1個、動滑車1個の実験が必要となってくる。

子どもが夢中になる理由の一つは「安心」である。自分だけが「わからない」のではなく、周囲にいる仲間も同様であること。それは悲しいことだが、能力差を意識せずに探究できるからである。

浅井先生は指導展開として「基礎から始め応用への流れが唯一の方法とは言えない」と言われる。本時のように、先に応用

わからないことを学ぶ安心感こそ

問題に出会い、それを解くために基礎の性質に戻る。この方法によって、学ぶ必然性が明確になる。その上でグループごとに定滑車1個、動滑車1個を渡され、それぞれの滑車の使い方で持ち上げる力がどうなっているか、実験が始まる。

【定滑車3個、動滑車3個のジャンプ課題】

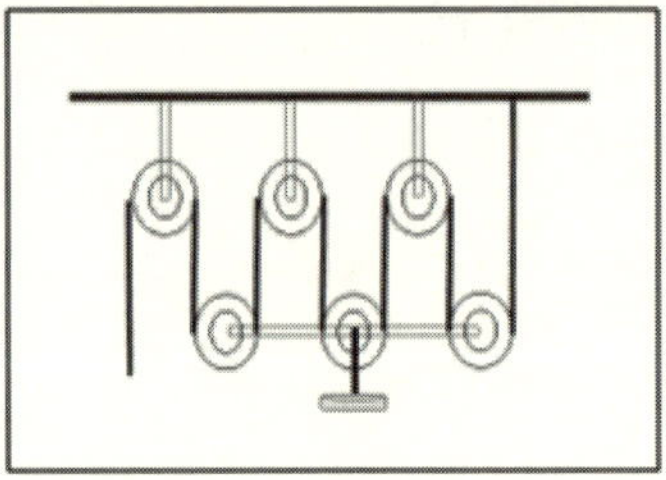

定滑車、動滑車の性質がわかったところで、再度、最初の問題の解法に戻る。滑車の重さを考えず、重りを18kgとしたとき、どのくらいの力で引き上げることができるか？　グループ活動で思考した後、全体での学び合いで藤本さんが次のように答える。

「18kgを3つの動滑車にわけて、6kgずつになります。それをそれぞれ2つの力で伝えているから、さらに半分になって、3kgの力になるんじゃないか……」と。これは正しい。こうした正解がでると、多くの教師は「正解」と言ってしまう。

ところが、浅井先生は、すぐに「その通り」とは言わず、松本さんに「どう？」と尋ねた。すると「よくわからない」という。一度でわかる子どももいるが、何度か説明をしないとわからない子どももいる、それがわかっている浅井先生は、もう一度、藤本さんに説明させるが、松本さんも別の子どもも、また「わからない」。そこで、もう一度、グループ活動に戻して、なぜ3kgになるのか考えさせる。子どもが夢中になれる前提は、「わからない」ときに「わからない」といえることである。さらに、説明した子どもに対しては、「相手が納得してくれれば、君自身が『わかった』ことになる」と指導している。大事なことである。

グループ活動で、ある子どもが「18 kgを3つの動滑車にわけて、1つが6 kgって？」と友だちに訊いている。それに対して「3つの動滑車を3人で18 kgを持つと考えれば、一人分は6 kg」との説明に「そうか！」。

子どもを夢中にするには、子どもたちのわからない気持ち、間違えた答えを基に、学び直しができる。このことの大切さを学ばせていただいた。

(6) 探究的な授業構成

――二〇一六年　静岡県富士市立吉原北中学校　斎藤史典教諭　「戦時下の国民」


斎藤先生は、日頃から、社会科を教える場合、内容が多く教師のおしゃべりがどうしても長くなってしまうことを感じていたという。そうしなければ教科書の内容をすべて伝えられないという不安がそうさせる。

日頃から「歴史を学ぶということの意味」は、単に歴史的事実を「知る」ことだけではない。その時代に生きた人々の考えについて史料・資料を用いて、仲間と意見を交換することで、社会的事象に対して、多面的・多角的な考えをもつことを大事にしていた。

その視点で、三年歴史教科書「戦時下の国民」を読んでみる。学徒出陣、疎開、兵器になるための金属として供出という記述の後に次のような一文がある。

「食料をはじめとする生活必需品の生産はとどこおり、十分な量の配給が行われませんでした。国民は、次第に苦しくなる生活にたえ、戦争に協力しました。国民の戦意は、新聞や雑誌などのマスメディア、小説家や芸術家によって高められました」（アンダーラインは筆者）

「戦争に協力した」「国民の戦意が高められた」だけで、その裏側にある国民の思いなどは、何も書かれていない。子どもたちがより深く学ぶためには、言葉の背後に隠された事実を問うこと、そして資料・史料を基に探究する学びが行われる必要がある。斎藤先生は、そう考えて教材研究をしている。

【教材研究】

過去の戦争が、軍の強制によって戦争を進めただけではなく、ある程度、国民やメディアが戦争に協力したことは、教科書の記述にもある。もう少し、深い学びにするためにどうするか。

そんな時、加藤陽子の「為政者や国民が、いかなる歴史的経緯と論理の筋道によって、『だから戦争にうったえなければならない』、あるいは『だから戦争はやむをえない』という感覚までをも、もつようになったのか、そういった国民の視角や観点や感覚をかたちづくった論理とは何なのか」（講談社現代新書『戦争の日本近現代史』）を読んだことによる。

そこで、まず自分の学級の子どもたち（28人）に「十五年戦争意識調査」を実施する。

〈十五年戦争意識調査　人数28人〉　＊は斎藤先生の考察

問1　一九三一年～一九四五年の間で、日本が戦争を行った国はどこか。（複数回答）
アメリカ17人、中国13人、イギリス5人、ロシア4人、フランス2人、韓国2人、
清1人、フィリピン1人、ベトナム1人

＊半数の子どもが、日中戦争や太平洋戦争が一九三一年～一九四五年の間に起こった戦争であることを理解していない。また理解している子どもの中でも、太平洋戦争とは日本とアメリカ合衆国との単独の戦争であり、南方戦線のことについて理解しているものはほとんどいない。

問2　太平洋戦争に関する、次の年月日は何が起きた日か

一九四一年一二月　八日	1人	一九四五年三月一〇日	0人
一九四五年　六月二三日	0人	一九四五年八月　六日	10人
一九四五年　八月　九日	10人	一九四五年八月一五日	12人

＊広島・長崎に原爆が投下された日と終戦（敗戦）の日を知らない子どもが三分の二程度いることは驚きであった。また、アメリカ合衆国にとっては忘れることのできない真珠湾攻撃や多数の民間人の死傷者を出した東京大空襲や沖縄戦について、その出来事があったこと自体

を知らない子どもが多い。

問3　十五年戦争を通して、日本国の戦死者は600万人を超えました。この戦争の責任はだれにあると思いますか。
政府　14人、日本の政治家　3人、戦争を起こすきっかけとなった国　4人、軍　3人、天皇　2人、日本国民　1人

＊　戦争の責任は政府や政治家にあると判断している生徒が多い。戦争とは単純に政府の判断によって行うものであり、その政府が、マスコミや国民感情など様々な影響を受けていることには、考えがいたっていない。

意識調査の調査人数は少ないが、子どもが、どういう意識をもっているかは知ることができる。歴史的な事実を教える授業では、「なぜ、悲惨な戦争が起きたのか？」など疑問に思っても探究されないことが多い。歴史を学ぶということは、史料・資料を用いて考えなければならないが、追求すれば追求するほど混乱する可能性もある。そうした恐れもあるが、今まで国民や市民レベルで歴史的事実の中にある真実をどれだけ追求してきたか。近現代史は戦争につぐ戦争に明け暮れた。為政者や国民が、どのように戦争を受け止めていたのか、子どものレベルで探究する好奇心をもたせたい。そのために、斎藤先生は、意識調査の最後に次の問いを調査した。

問4　戦後七十年にあたり、二〇一五年安倍晋三首相から談話が出されました。その中で、「日本では、戦後生まれの世代が、今や、人口の八割を超えています。あの戦争に何らかかかわりのない、わたしたちの子や孫、そしてその先の世代の子どもたちに、謝罪を続けさせる責任を背負わせてはなりません。しかし、それでもなお、わたしたち日本人は、世代を超えて、過去の歴史に真正面から向き合わなければなりません。謙虚な気持ちで、過去を受け継ぎ、未来へ引き渡す責任があります」と話しています。あなたは、戦争の何を受け継ぎ、未来へと引き渡さなければならないと思いますか。

＊「あなたは何を引き継ぎ、……」の質問に対する子どもの回答を要約すると「戦争では何も生まれず、何も解決しないことを受け継ぎ、絶対に戦争をしてはいけないという意志を引き渡す」と考えている。

【授業構想】

十五年戦争の意識調査と安倍晋三首相の談話にたいする回答から、斎藤先生は、当時の国民が戦争についてどのようなことを思っていたのか、政府の政策に対して、国民はどのように考えていたのか、子どもはほとんど知らないという事実を再確認することになった。

子どもたちに「戦争は多くの人命・財産を奪う悲惨な行為であり、二度と戦争を起こしてはならない」ことは揺るぎのない事実であり異論をはさむ余地はない。けれどもそれだけでいいのだろうか。斎藤先生はそう考えて授業構想を立てられた。まず子どもに伊丹万作の資料（一九四六年八月『映画春秋』創刊号より）を読ませたという。

「『だまされた』という一語の持つ便利な効果におぼれて、いっさいの責任から解放された気でいる多くの人々の安易きわまる態度を見るとき、わたしは日本国民の将来に対して暗澹たる不安を感ぜざるを得ない。『だまされた』といつも平気でいられる国民なら、おそらく今後も何度もだまされるだろう。いや現在でもすでに別のうそによってだまされているにちがいないのである。一度だまされたら、二度とだまされないとする真剣な自己反省と努力をしなければ人間が進歩するわけはない。この意味から戦犯者の追求も重要であるが、それ以上に現在の日本に必要なことは、まず国民全体がだまされたということの意味を本当に理解し、だまされるような脆弱な自分というものを解剖し、分析し、徹底的に自己改造する努力を始めることである」

「太平洋戦争と国民生活」の授業構想にあたっては、まず資料・史料として何を使うか、次に研究者ではない自分たちがどこまで国民生活のことを探究すればいいのか、大変悩んだという。悩んだ末に、

①日中戦争から太平洋戦争にかけて国民生活が、どのように変化したのか、映像資料と教科書の記述を基に年表に書き込む。
②なぜ国民は最後まで戦争に協力したのか。

③わたしたちが、戦争の学習を通して、次世代に引き継がなければならないものはなにか。

【授業の前半、基礎の共有】

授業の前半は、グループ活動で配付されたプリントの穴埋めである。子どもたちは、教科書や社会科副読本を隅から隅まで読み、プリントの言葉を完成していく。それまでは、教科書や副読本に書かれた内容をプリントに転記するだけであった。今回のプリントは、設問によって教科書からの転記では解決できないものがあり、タブレット端末を利用することになる。インターネット検索する子どもの表情から学ぶ楽しさを感じさせる。

わからないとき、教師に訊けば簡単である。けれども学び方を学ぶという視点で考えれば、主体的に調べる方法は大事な学び方である。子どもたちは、仲間で協働して教科書や副読本を調べたり、検索したり夢中になっていた。特に、一九四二年　ミッドウェイ海戦の敗北の頃、国民の衣服が国民服となり、生活必需品が配給制になるという部分では困り

タブレット端末を利用して

感を示していた。

【授業の後半、ジャンプ課題】

問題は、授業の後半である。「なぜ国民は最後まで戦争に協力したのか」であった。研究者であっても「なぜ」を探究することは難しい。この日、準備された資料は次である。

資料1　「立憲民政党ポスター」（法政大学大原社会問題研究所蔵）

資料2　「昭和初期における賄賂事件」（筒井清隆『昭和戦前期の政党政治』）

資料3　「陸軍パンフレット『国防の本義とその強化の提唱』一九三四年」

> 陸軍省新聞班がパンフレットを発表。「軍部が初めて思想、経済問題にまで踏み込み、公然と政治への介入を表明した。その背景には陸軍内での派閥抗争があった」
>
> 前坂俊之（静岡県立大学国際関係学部教授）「日本メディア検閲史」より

資料4　「出生率と死亡率の年次推移一九二〇〜一九四三」

（厚生問題研究会『厚生省五十年史資料編』）

資料5　「朝日新聞の購読者数の変化一九三〇年、一九三一年、一九三二年」

満州事変が起きた一九三一年以降の数年間で、大新聞の購読者数は400万から800万へと飛躍的に部数を伸ばした。満州事変が起きると、大新聞はおおむね軍部を応援し、日本における満州侵略をあおりたてる論調もあった。

【子どもたちの苦悩】

子どもたちは、これらの資料を基に「なぜ国民は戦争に協力したのか」を考えた。けれども、資料が多すぎ、資料と史料とのつながりもわからず、結局は資料2、3だけで考えていた。

田中先生は、たくさんの資料を用意することで学びがひらかれると思っていた。確かに子どもは夢中に学んだが探究しきれない。それでも、子どもたちは、当時の国民が感じていたことについて、次のように学び取っていた。なかなか面白い。

・「戦争がはじまると戦争反対は勇気がいる」
・「マスメディアが応援したから」
・「資料2から当時の議員は賄賂事件ばかり起こして、国を任せられない」
・「政府は役に立たない、だから軍部についていった」

この授業から学べたことは、歴史を学ぶということは、課題と資料・史料によって学びが深められる。それは確かなことであるが、資料を多く準備したから探究できるとは限らない。も

資料を基に考え合う

う一つ、「なぜ」を探究するよりは、どんなきっかけで事件は起きたのか、どんなことが学べたかを考えることで、深い学びになる可能性がある。

斎藤先生は、ジャンプ課題として二つ目を用意していた。それは、子どもたちが、平和で民主的な国家・社会の形成者として、日本国憲法前文の「政府の行為によって再び戦争の惨禍が起こることのないよう……」にするため、「あなたは、今日の学びから何を受け継ぎ、何を引き渡さなければならないか」を考えることであった。

子どもたちは、配付されたプリントの振り返りに、そのことを書いたが、終了時間が迫っていたため、交流する時間もなく、二人の振り返りを紹介することで授業は終わってしまった。

①多くの人を傷つけ、多くの人を悲しみにしたことを忘れず、日本がした事実を認め、国（政府や軍部）だけではなく、国民こそが二度と同じことをしない。

②わたしは同じ日本人として歴史に向き合う必要があると思います。「昔の話だから」ではなく、「昔だからこそ！」になればと思います。もう過去は変えることはできないけど。今、わたしたちがすることをやるべきです。

これを読む限り、次の世代に継ぐものは何か、何を引き継ぐか、まだ闇の中である。

斎藤先生の報告書を読みながら、鹿野政直の「歴史を学ぶこと」（岩波書店）の次の一文が浮かんできた。

「『したこと史観』の結果、された側がみえなくなってくるということです。された側への視線が届きにくくなってきます。『何々をしました』『こういう制度をつくりました』ということばかり書く。でも、それによって奪われた人だっている。そういう人の側へは目が届きにくくなってくる。例えば十五年戦争の時期に入ったときに、朝鮮人を日本人に同化しようという考えがずいぶんつよくなってきた。…中略…創氏改名です。それがどんな気持ちをもたらすのかなんてことは、あまり書かれていない」と。

歴史を学ぶとき、時間的制約はあるかもしれないが、多角的、多面的な見方で歴史をシミュレーションしてみることも深い学びとなるのではないだろうか。

III

教師の成長と学校づくり

第1章　「学びの共同体」の学校を立ち上げる

石井　順治

二〇一六年に開催した「第一八回授業づくり・学校づくりセミナー」における学校づくりの二つの報告は、ともに、「学びの共同体」としての学校の立ち上げの報告だった。しかも、両校とも、それをリードした校長が二年でその学校を離れている。一人は転勤、一人は定年退職である。たった二年で何ができ、どういう学校になったのか、そこには、二人の校長それぞれのリーダーシップが色濃く反映されていた。

1　教師が変われば、子どもは変わる、学校も変わる
――福島県二本松市立渋川小学校の学校づくり

教師や仲間の言葉が聞けず、テンション高く口々にしゃべる騒々しい学校、子どもに落ち着きがなくからだを絶えず動かす子どもが多い学校、活発な子どもの陰で学びから遠ざかっている子

どもが何人もいる学校、そして、子どもの怪我の多い学校がある。そういう学校の子どもの心はたとえ本人にその自覚がなくても荒んでしまうものである。一度荒んだ状態は容易には変わらない。だから、そういう学校の教師たちは、子どもの状態の悪さに立ち向かうのだけれど、それが根本的対策ではないため、いつの間にかその状態で甘んじてしまうことになる。

菅野哲哉さんが校長として着任した渋川小学校にもそういう傾向があった。この学校で菅野さんが校長を務めたのはたった二年間である。その二年間で子どもたちの状態は一気に改善された。菅野さんはいったい何をしたのか、渋川小学校の教師たちはどう取り組んだのか、何がどう変化したのか、二本松市の教師たちに奇跡だと言わしめた菅野校長の学校づくりを追ってみる。

(1) 当たり前を壊すエネルギー

菅野さんは、子どもの状態がよくないとき、そこに必ず教師の「勘違い」があると言う。正しいと思い込んでいること、こうするのが当たり前だと思っていることがそうではないという「勘違い」である。教師たちは決して怠けているわけではなく、良くしようと努力しているのだ。けれども状態は変わらない。それは指導が足りないというのではなく、そもそも指導していることに「勘違い」があることが多いのだと言う。

子どもは、明るく、元気で活発なのがよい、たくさん発言の出る授業がよい授業、自分の考えをはっきり話せる子どもがよい子ども、早くできたら友だちに教えに行くのはよい行為、友だちに頼らず自力解決のできる子どもがよい子ども、どれもこれももっともなことのように思える。しかし、本当にそうだろうか。この考え方で、すべての子どもの学びを保障できるのだろうか。特に、学習がわからなくなりがちな子どもの学ぶ意欲を引き出すことができるだろうか。否である。

近年、子どもの学力を上げるための取り組みがどの地域でも行われている。学力が上がることは悪いことではない。しかし、それは、子どもの育ちに対するまっとうな教育活動の結果として生まれるものであって、学力だけに特化した取り組みはむしろ危険である。その危険性が教師たちの研究活動にまで影響を及ぼしている。学校内で教師たちが行う校内研修・現職教育は、学力を上げるために行うものではない。一人ひとりの教師の質を高めるためのものであり、教師の研究と修練の場である。子どもの学力は、教師が教師として成長しなければ本物にはならないのだ。

菅野さんの学校改革は、こうした教師たちの「勘違い」からの転換を図ることから始まった。

着任早々、菅野校長は、「校長として、こんな指導観を持っていて、こんな学校づくりをしたい」というビジョンを職員に語っている。その中核を成すのは、「子どもの問題は家庭のせいだと考えるのではなく、学校が引き受けよう。わたしたちがやらなければいけないのは、一人残らずすべての子どもの『学び』を保障すること、わたしたちの授業づくり・学校づくりはそのためのものだ」ということだった。

もちろんビジョンを語るだけで学校は変わらない。大切なのは具体的な一つひとつのことをどう変えるかである。

子どもが描く絵画に剣を持って戦う絵、中には血を流す人物を描いたものがあった、「わかった子はわからないでいる子に教えてあげてね」という指示を出したとき、教えている子どもが知らず知らず横柄になり、教えられている子どもは実に気まずそうにしていた、教師の指示に従って一斉にやらせているのだけれど、よく見ると、全くやっていない子どもがいた、よかれと思って発した発問だけれど、そこから子どもが落ち着きをなくしてしまったなど、菅野校長は子どもや教師の事実を一つひとつ取り出していった。そして、そこにどういう問題があるのか、教師の指導のどこが問題なのか、こういう時、教師はどう子どもの学びに向き合えばよいのか、教師たちと膝つき合わせて考えようとしたのである。

教師たちも、具体的な一つひとつを見ればそこに潜む問題に気づける。しかし、そういう問題を引き起こしているのは自分たちの指導であり、そこに「勘違い」があるということについては簡単には納得できない。それは、こうするものだ、これが当たり前なのだと思い込んでいることだからである。この当たり前さを崩すのは簡単なことではない。

⑵ 共通理解ができるまでの取り組み

ア　目指すのは「夢中になって学ぶ授業」

子どもは本気になって学んでいるとき夢中になる。このことを否定する教師はいない。菅野さんは、このだれもが肯定する価値観を中核に据えて、そういう「夢中」が生まれる授業はどういうものなのかを教師たちと考え合っている。その際、菅野さんが教師たちに示したのが佐藤学先生によって示されている下のような図だった。菅野さんは、「教科の本質に沿った学び」「学び合う関係」「ジャンプの課題」について教師たちに事例を上げて説明している。そして、「この三つの質が高くなれば高くなるほど、大きな三角形になるイメージを持ってほしい。その時、子どもは夢中になる」と語ったそうである。これが渋川小の共通理解の第一歩だったと思われる。

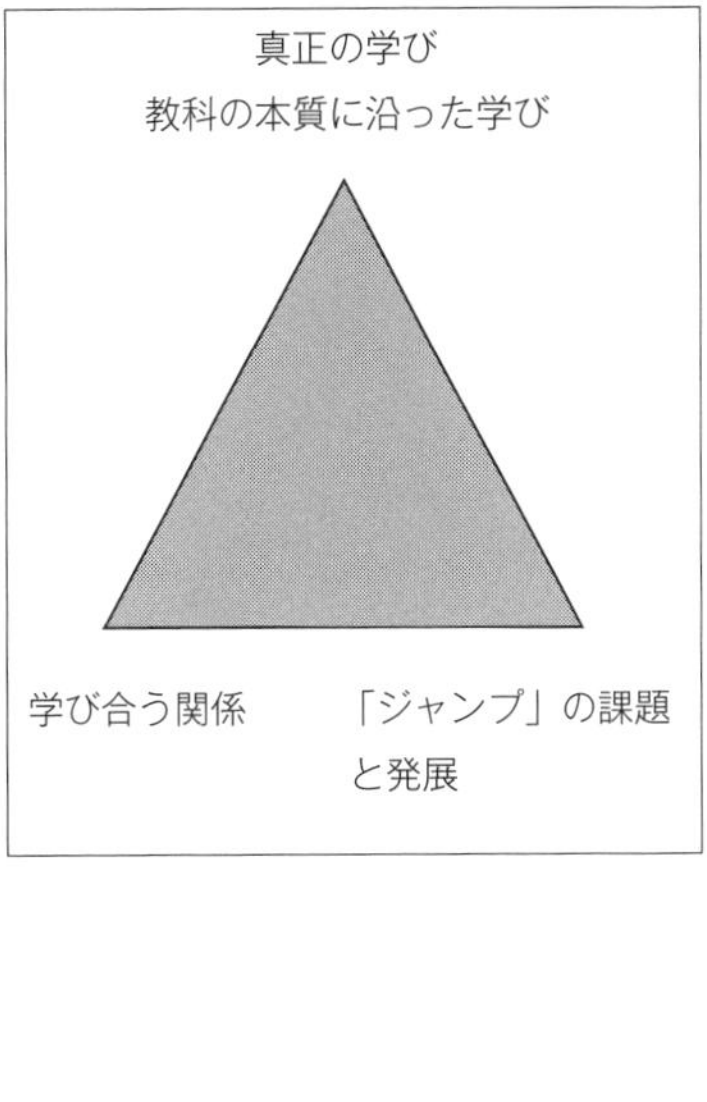

この図を佐藤先生の著書から抜き出して教師たちに示すことはだれにでもできることである。しかし、それが菅野さんのような学校づくりになるかというとそんな簡単なものではない。大切なのは、どんなやり方をしている教師でもだれもがそうだと納得できるような言葉にして語れるかどうかである。そして、そこで説明したことが具体的なものとつなげて見えるかどうかである。そして、校長が自ら、「夢中になって学ぶ授業」を目指しているかどうかである。

イ　授業研究を行う際の心得を示す

人が何人も集まって行うものには、その場がすべての人にとって有意義なものになるための「心得」が必要である。教師たちが行う校内での授業研究でもその「心得」はなくてはならないものである。菅野さんが渋川小の教師たちに示したのは次のようなものである。

〈授業者の心得〉

○各自実践したい教科を自由に決め、個人のテーマを設定し、年間を通してテーマを意識した授業を実践すること。

○年に最低一回は授業をひらく。教材研究は個々にしっかりやるけれど、参観者用に作成する学習指導案はＡ４一枚とする。

○素材やものを媒介とした活動を組み込む。他者との協同学習（ペア・グループ）を組み込む。「ジャンプ」の課題と発展の提示や発問に細心の注意を払う。

〈参観者の心得〉

○授業をしている子どもに語りかけるなど余計なお節介はしない。授業案作成の事前協議はしない。必要なら授業者から尋ねる。こういう時に群れない。

○授業はビデオに撮影し、事後はそれを観ながら、子どもや教師の事実に基づいたリフレクションを行う。その際、どこで学びが広がったか、つまずいたかという授業で学んだことを出し合い、授業の面白さや難しさから苦労や工夫を共有する。

○「もしわたしだったら△△していた」風の意見は出さない。

○リフレクションの後、各自学んだことを数行に箇条書きでまとめ授業者に渡す。授業者はそれをＡ４一枚にまとめ同僚に配付する。

菅野校長は、こうした「心得」を教師たちに示すだけでなく、校長として自らに次のようなことを課していた。

○　授業時のビデオ撮影、写真撮影を校長である自分が引き受ける。
○　リフレクション時、様々な職員の意見を聴いたうえで、子どもや教師の行為について、どこがどうなのかという意味づけを必ず行うようにする。
○　授業観察の専門家を招聘して授業を参観してもらい批評してもらう機会をつくる。
○　校長通信を毎週発行し、授業から学んだことを記事として載せる。
○　全職員が年に一回、他校に研修に出る機会をつくる。そのための財源を確保する。
○　校長も授業をして公開する。

ここにもう一つ付け加えておきたいことがある。それは、教師たちが授業のこと、子どものことにじっくり取り組める時間を、勤務時間内に確保する工夫をしたことである。

菅野さんが校長として着任したとき、子どもを帰した後の放課後には毎週のように、部会、企画委員会などの会議が設定されていたそうである。そのため教師は常に多忙感を抱き、じっくり授業づくりに向き合う余裕をなくしていた。それを会議は月に一回の職員会議だけ、必要なことがあれば机上提案をすることにしたそうである。この切り替えは「エエッ」という驚きで受けとめられたが、やってみると何の支障もなく、学校運営がかえってスムーズになるとともに、授業づくりに励めるようになった。菅野さんが校長として着任以来打ってきたいろいろな手立ての中で、いちばん最初に職員に歓迎された改革がこれだったそうである。

(3) 渋川の子どもたちはこんなに変わった

正直言って、教師たちがそれまでに身につけていた鎧と衣を脱ぐのは簡単なことではなかった。一年目が始まってすぐ、形式的に行っていた朝の「百マス計算」を一切止めたときには、本当にいいのかという戸惑いがあった。だから、一学期は、暗中模索、教員にも校長にも確かな手ごたえは生まれなかった。

二学期になり、それが、一気に進展することとなる。それは、職員全員が揃っているとき、突然生まれた。一学期から、菅野校長の言うことをすごく柔軟に受けとめて、「変わるか変わらないかわからないけれど、やってみます」と言って、日常的に四人グループによる授業を行っていた教師がいた。その教師が、「子どもが落ち着いてきたような気がします。すごくいい雰囲気になってきました。子どもたちは授業が楽しくなっているみたいです」と話したのだ。そのときこの話を聴いた他の教師たちの顔つきが変わった。そしてこの後、三年生以上の全学級の授業にグループ学習が入ったのだという。菅野校長は、あの時、学校が一つになった気がする、と述懐している。この話を聴いて思うのは、何人もの人による協同的な取り組みは、簡単にできることではなく、苦しささえ感じさせるものなのだが、その苦しみの中で何かが準備され、一つの良質な事例が生まれると、それが突破口になって加速度的に進展するということである。大切なのは、何も起こっていないように見えるその陰で、真摯に向き合っている人がいる、その存在を信じること、そして、そこから生まれ出る確かさを信頼して待てること、待って生まれたものに心から感動して、それを共通のものにしていけることではないだろうか。

一年目の三学期、子どもの様子はすっかり落ち着き、雰囲気がおだやかになった。それがはっきり表れたのが怪我（病院で受診したもの）の数である。「学びの共同体」に取り組む前の一年間で五四件だったものが、その年は三二件になった。それも一学期だけで二三件だから、二～三学期では九件に減少したことになる。さらに付け加えれば、菅野校長の二年目には一年間でたった二件になったという。どれだけ子どもに落ち着きが生まれたかわかろうというものである。

もう一つ特筆すべきことがある。それは学力調査の結果である。渋川小の結果は、取り組みを始めるまでは芳しくなかった。子どもが落ち着いた二年目でも変化は生まれなかった。ところが、菅野校長が去って二年後、市内のトップに躍り出たのである。そこには、菅野校長の後任の校長が見事に「学びの共同体」の学校づくりを引き継いでくれたのが大きかったと言える。それにしても、この結果は、学校外の関係者に奇跡的な驚くべき変化として映ったのだった。

(4) 校長の実践力と願い

渋川小に奇跡的な変化が生まれたのは魔法でもなんでもない。菅野さんという一人の校長のリーダーシップによる渋川小の教師たちの成しえたことである。その菅野さんの校長としてのリーダーシップの取り方は、若い頃から授業実践に取り組んできた経験に裏打ちされている。

たとえば、すでに紹介したことだが、校長自らのビデオ、写真撮影は子どもや学びの事実がみえている菅野さんだから意味のあるものとして撮影できたのである。リフレクション後の授業における子どもや教師の行為の意味づけも、みえていなければできないことである。さらに、校長自ら授業をしてみせるなどということは、それが職員の授業づくりにつながらなければ意味がないのだから、ずっと授業づくりに取り組んできた菅野さんだからできることである。

授業をする菅野校長

それは教育委員会視察の時だったという。菅野校長の授業を観た教育委員が「できる子どももそうでない子どもも関係なく、すべての子どもがこんなに楽しく学んでいる授業を久しぶりに観た」と言って感激したという。教育委員のその言葉を耳にした教師たちは、校長が進めようとしていることがどんなに素晴らしいことなのか実感することとなった。

菅野さんは言う、「目指す授業はこういうことなのだと自ら授業できなければ校長にはなれない」と。菅野さんの学校づくりは、彼の授業を観る目、子どもを観る目、深い学びを目指す実践力、そしてすべての子どもの学びを保障する学校にしたいという強い願いによって可能になったのである。

最後に、菅野さんが撮影した渋川小の子どものすがたをご覧いただきたい。これらの写真に渋川小の子どもの変化が凝縮されていると感じるのはわたしだけではないだろう。

子どもが変わるのである。教師も変わるのである。そして、学校も変わるのである。

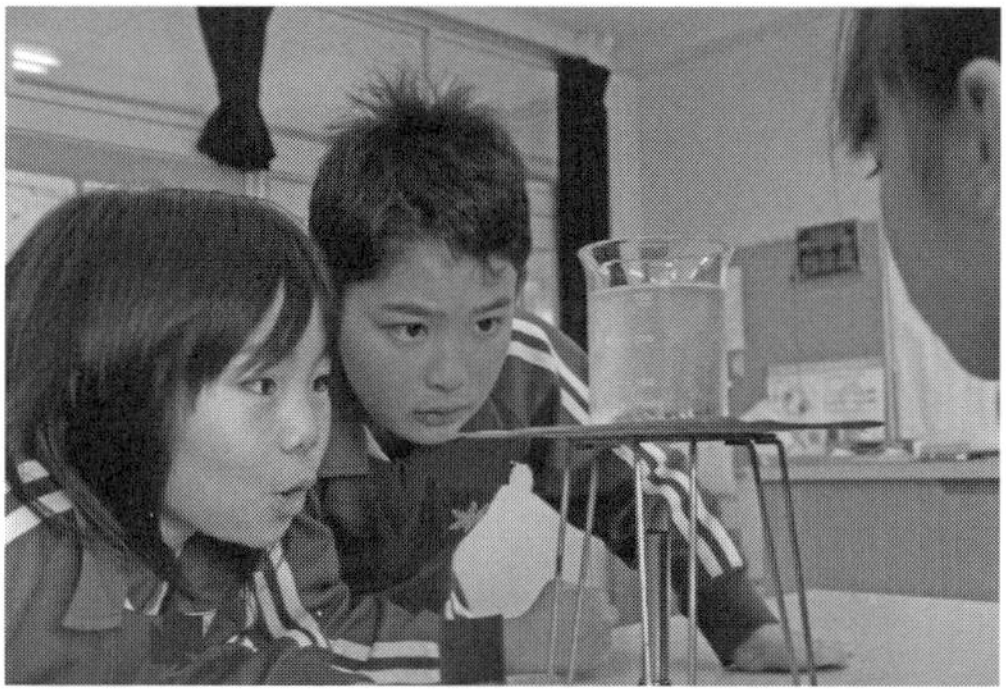

学びに夢中になる

課題に向かう目の深さ

つながりが学ぶ意欲をはぐくむ

バトンをつなぐ、仲間が支える

2　すべての子どもの学びを保障する学校を目指して
――沖縄県那覇市立金城小学校の学校づくり

(1)　理念に基づく考え方を言い続けること

那覇市立金城《かなぐすく》小学校の「学びの共同体の学校」づくりは、初鹿野修校長の着任とともに始まった。初鹿野さんが「学びの共同体」の学校づくりに最初に取り組んだのは金城小学校の前に勤めていた銘苅《めかる》小学校であった。その学校の一人の教員から「この本を読んでください」と言って佐藤学先生の著書を渡されたのがきっかけだったという。本を読んだ初鹿野さんがまず実行したのは、「学びの共同体」のパイロットスクール、神奈川県茅ケ崎市立浜之郷小学校を参観することだった。目にしたことの一つひとつが強烈だった。「学びの共同体」の学校づくりをしよう、初鹿野さんの思いは固まった。

ところが人事異動で銘苅小を離れることになる。そして着任したのが金城小学校。退職まで残り二年だった。それでも、この学校を「学びの共同体」の学校にする、初鹿野さんはそう決意する。学校づくりを始めるにあたり、初鹿野さんの胸にあったのは、「一人残らず子どもの学びを保障すること」であり、そのため構築しなければならないのは、日常的な「聴き合う」関係とケアリングに基づくかかわりだった。

学校づくりにおいてもっとも大切なのはこうした校長の理念である。こういう学校にするという確固たる意思があり、それが決して揺るがないこと、そしてその理念からビジョンと方策が描かれていくこと、これが輪郭のはっきりした中身のある学校を生み出す礎になる。

しかし、その際忘れてはならない大切なことがある。それは、その理念が何人もの教師たちと共有されなければならないということである。学校づくりは、その学校のすべての人の共同作業である。職員が共同体にならなければ、その理念もビジョンも絵に描いた餅になる。その学校の職員たちがその理念のもと意欲を持って実践に向かうことができるかどうか、それが学校改革の鍵である。

学校の改革は生易しいことではない。それを実現するためには、何かを壊し、これまでになかったものを構築しなければならない。それを職員との共同作業として行うのである。そのリーダーとして、校長がどれだけ見識を高めるための学びをしなければならないか、人と人をつなぎ束ねていくためにどれだけの心づかいをしなければならないか、持続的な取り組みとしてどれだけエネルギーを使わなければならないか想像に難くない。急いではならない。けれども、悠長にしてもいられない。

初鹿野さんは、とにかく、同じことを言い続けたそうである。前述した理念はもちろん、理念に基づいた学校にするために心がけなければいけないこと、やらねばならない方策を何度も何度も教師たちに語ったのだ。

変わらなければいけないのは、学校であり、教室であり、子どもであり、授業であり、親も変わってもらいたい、けれども、真っ先に変わらなければいけないのは教師だ。

勉強は一人でもできるし、家庭でもできる。けれども、「学び」は一人ではできない。子どもの「学び」は、ペアやグループで学び合うことによって実現していく。

聴くことが「学び」を支える。わからないことがあったら、「わからない」と言って尋ねることで「学び」は深まる。仲間に頼ることができる子どもを育てよう。

子どもも授業もすぐには変わらない。一人ひとりの教師が今までの授業の現実から出発し、これからは自分を変えていく研究をしよう。子どもの意識が変わるまで、自分の授業に手ごたえが感じられるまで努力しよう。

初鹿野さんは、このようなことを繰り返し語り続けた。策を弄さず、一つひとつ布石を打つかのように、「学びの共同体」の学校になくてはならない考え方を、真摯にていねいに熱意を込めて、決して強圧的にならない話し方で、教師たちの心に訴えかけるように語りかけたのだ。それらの言葉が少しずつ少しずつ職員の心に届いていったにちがいない。

(2)　事実を生み出す具体的な取り組み

初鹿野さんは繰り返し信念を持って語り続けた。しかし、言葉だけでは何も生まれない。言葉に真実味が感じられなかったらその言葉は宙に浮いてしまう。言葉が多くの人たちの心を動かすとき、そこに必ず言葉だけではない具体的な事実が存在する。学校改革も同じことだ。大事なのは、職員が真実味を感じることのできる事実にどうやって出会うかである。金城小の職員が出会った事実とはどういうものだったのだろう。

① 校長の前任校から学ぶ

校長の言う授業とはどういうものなのだろう。子どもが学び合えばどういう状態になるのだろう、教師が授業を変えるとはどう変えることなのだろう、それらの疑問に答える絶好の機会があった。それは、初鹿野校長の前任校銘苅小学校の教育に触れることだった。

四月二六日、銘苅小学校の公開研究会が開かれ、佐藤学先生が来校された。その日は土曜日だったので金城小の教員が多数参加できた。このとき目にした子どもの学ぶ姿が、金城小学校の教師たちの目にしっかり焼き付いた。しかも、それらの子どもの学び方や大切さが佐藤先生の講演で意味づけられたのである。立ち上げの時期にこうした機会を持てたことはかなり幸運だったと言える。

しかし初鹿野さんはそれだけで終わらせなかった。教師たちの熱が冷めないうちに、第二弾の手を打ったのである。それは、銘苅小の教員三人を金城小に招くことだった。その日、来校した三人は、低学年、中学年、高学年に分かれて実践報告をした。金城小の教員たちは、公開研究会で観た学びの様子がどのようにして生まれたのかを知った。そういう授業を自分たちはこれから目指していくわけである。そこには不安や悩み・疑問が存在する。それが、両校の教員同士、ざっくばらんに語り合われることとなった。初鹿野さんは、「学びの共同体」の学校づくり二校目という自らのメリットを最大限に生かしたのだった。

②　自主研修会の実施

どうすれば「協同的学び」になるのだろう。「学びの共同体」の学校とはどういう学校なんだろう。わからないことが多い。それなら佐藤学先生の本をみんなで読んで語り合ってみたらどうだろう。また、銘苅小の授業や自分たちの授業をビデオで観て感じたことを出し合ってみたらどうだろう。そう考えて、校内で研修会を開くことになった。もちろん自由参加、堅苦しく考えない自主研修会である。年度の終わりに数えてみたら、年間一四回開催していたそうである。門戸をいつも開けた形での自主参加形式の集まりの意味は大きい。しかも途切れなく開催することで職員の意識は高まる。思っているだけではなくやってみる、そのための場づくりは本当に大切である。

「学び合う授業って何？」初鹿野校長の授業

③　校長の授業

渋川小の菅野さんもそうだったが、初鹿野さんも校長自ら授業をしている。ただし、初鹿野さんの授業は教科の学習ではなく、「学び合う授業って何？」というデモンストレーションのような授業である。たとえば、「『きく』とはどういうことだろう。『聞く』『聴く』『訊く』とあるが、大事なのはどれだろう」というようなことを学年に応じて考えさせている。金城小には二九学級あるが一学級も欠けることなく授業をしたそうである。

この全学級に対する授業は二年目にも行っている。タイトルは一年目と同じ「学び合う授業って何？」だけれど、内容は、コの字型の座席配置の意味や教卓をなくしたわけなど具体的なものに進化させ、全校的な深まりを図るとともに、二年目から加わった教員に対するガイダンスの意味も持たせたようである。

学校改革は校長と職員の共同作業である。そこには、すべての子どもの学びを深めようという共通意識がなくてはならない。

その共通意識を生み出すには、校長は校長室だけにいることはできない。教室に足を運び、どういう学びが行われているか、学ぶ子どもたちの様子はどうか、そして教師たちの授業ぶりはどうか、常に観察しなければならない。

しかし、菅野さんと初鹿野さんの例を見てわかるように、校長はただ観察しているだけではいけない。校長も授業をする、そうすることで、授業の難しさも喜びも、そして子どもに向き合う心の持ち方も、様々なことが共有されていく。口先だけの校長ではだめ、指示と批評しかしない校長ではだめ、ともに汗をかき、ともに実践する校長でなければだめ、初鹿野さんはそう考えたのだった。

④　子どもや保護者に対する「学び合う授業」の啓発

協同的に学び合う授業は、教師がその気になるだけでは実現できない。学び合うのは子どもなのだから、子どもが、わからないときは仲間に訊き、訊かれたら寄り添うように耳を澄まし、難しい課題が出たら仲間とともに考える、そういうふうにしようとしなければいけない。つまり、金城小の目指す授業は、教師と子どもの共通の目標にならなければいけない、初鹿野さんはそう考えた。だから、校長自ら、「学び合う授業って何？」という授業をして回ったのだ。

けれども、その授業は一回きり。その授業が、ただのイベントにならないようにしなければいけない。そう考えて作成したのが写真のような「みんなの挑戦」というポスターである。このポスターを校内の要所に掲示した。ちなみに職員室には「教師たちの挑戦」というポスターを掲示した

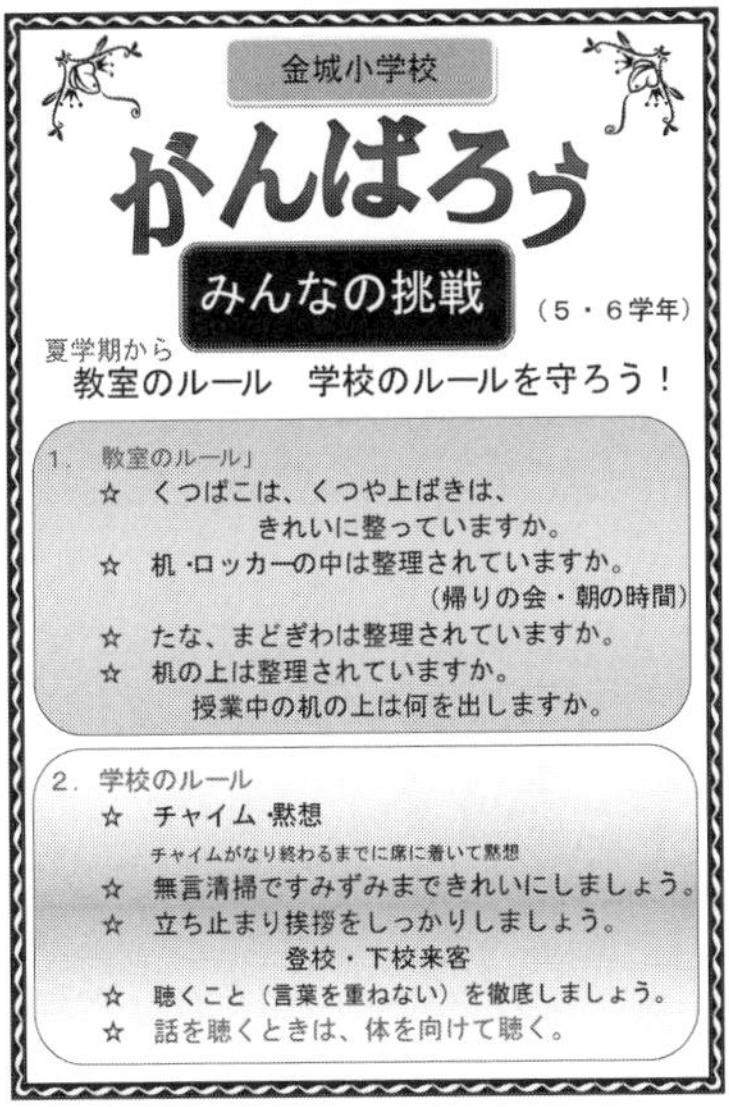

子どもたちへの啓発ポスター

そうである。

⑤　授業研究を始めるとともに、自主公開研究会の開催を決める

学校づくりにおける本丸は授業研究である。教師は自分がどういう授業をしているのか、どういう良さがあり、どこを改善しなければいけないか、わかっているようでわかっていない。その現実を知ることから授業改善が始まる。金城小学校では初鹿野校長が着任してから五か月目となる九月、授業を公開して協議する研究を本格的に開始している。すべての教師が参観する全体授業研究と学年ごとに行う互見授業のいずれかで、一人につき年一回は行うことにしたのである。

校長自ら行ったこともある。それは、参観した授業に対するコメントを記したリフレクションシートを作成し職員に配ったことである。シートには撮影した写真も挿入し、主に子どもや教師のよいところを記入したそうである。批判や指導ばかりのコメントよりもこの方が教師の意欲が高まり授業研究の成果がずっと上がると考えたからで、授業をした教師はそれを読んで、子どもの発言

グループで学び合う子どもたち

や動きのどこがどうだったのか振り返ることができ、次のステップにつながったと言う。

さて、ここで初鹿野さんは思い切ったことを職員に持ち出した。それは、自主公開研究会の開催である。着任して半年ほどのこの時期にそれは無理なのではと普通なら考える。しかし、今の、常に学ぶ意欲を持つ教職員の状況ならできるという感触があった。もちろん、他校の教師に学校を開き、授業を見せるということが、子どもや教師に強いインパクトをもたらし取り組みが加速化するということは、これまでに公開研を行ってきた多くの学校が実証していることである。

初鹿野さんは言う。新しいことへの挑戦に躊躇はつきものだ。全員が賛成しなくてもよい。賛成者が3割いれば大丈夫。逆に3割ほどが反対するかもしれない。そして、どちらでもない4割は半信半疑。この三つのグループがあるのは自然なこと。反対があるから、研究が進化（深化も、新化も）すると。この言葉は、初鹿野さんが校長としてどっ

ペアで学び合う子どもたち

しり構えていたことを表している。

こうして、二〇一五年二月一日、同じ「学びの共同体」を目指す関係校の教師を対象に自主公開研究会が実施された。

⑥　日課表の改善

年間通して、少なくとも一人一回は授業を公開する授業研究を行うとなると、公開授業の数はかなりのものになる。しかし同僚の授業を参観するため授業を自習にすることは少なくしたい。だから、どこの学校でも、いつどのように行うかという時間のとり方に頭を悩ますことになる。そこで金城小では、金曜日の授業始業時間を他の曜日より一五分早めるよう日課表を変更し、五校時までが教育課程内、六校時枠を放課後時間に設定した。もともと金曜日は学年会の設定日で、授業終了後、教師たちは学年ごとに集まっていた。日課表の変更によりその時間を長くとることができるようになったのだが、それだけではなく、第二、第四週の金曜の六校時を全体授業研究と互見授業実施時間と定めたのである。こうして金曜日は授業研究の日として定着することになり、どの学年でも金曜日になると安心して授業研究を実施できることとなった。

日々多忙感に包まれている教師たちに落ち着いて研究できる時間と場を設定しないで、ただ「授業研究をやれ、やれ」と掛け声をかけているだけでは駄目なのだ。渋川小で行われた会議の削減とか金城小が行った日課表の改善とかはやらねばならないことだったと言える。

(3) 佐藤学先生を招聘して第二回自主公開研究会

初鹿野校長の退職まで残り少なくなった二月四日、第二回自主公開研究会が開かれた。昨年度の第一回は、「学びの共同体」の関係校対象だったが、今回は那覇市全校に案内を出しての研究会だった。しかも、佐藤学先生の招聘が実現した。そのため参加者はふくれ上がり約二五〇名になった。

この日、金城小の教員は全員授業を公開した。併設している金城幼稚園も保育を公開した。そして、午後は、各学年一学級の授業と理科の専科教員の授業、計七つの代表授業を行い、その授業をめぐる協議会を行った。最後は、もちろん、佐藤先生の講演だった。

公開研究会は、金城小学校、金城幼稚園の教師たちにとって感動的なものとなった。当日、関西から参加したある人が、たった二年間の取り組みで子どもたちの学びをここまでに深めることができるのかと思い心打たれたと語っていたが、その言葉が研究会の素晴らしさをよく表している。

その公開研までの二年間、初鹿野さんが校長としてどう取り組んだのか、ここに記したことはその一端でしかない。けれども、ここに記したものを読むだけでわかっていただけるだろう、ビジョンを持った校長が、教師の声、子どもの事実に温かく、丁寧に対応し、一つひとつ、誠実に、ときには大胆に、確かな積み上げをしていったとき、学校は変わっていくのだと。

（写真は、第二回自主公開研究会における授業をめぐる協議会の様子。広い体育館のそこここで七つに分かれて熱い思いを語り合っている。）

第2章 学ぶことで 子どもを、教師を、学校を――学びによる変革

――大阪府堺市立大仙小学校の学校づくり

小畑公志郎

1 きっと変わる――子どもも、教師も、学校も

大仙小学校の小山久子校長から校内の授業研究に来てほしいとの依頼があったのは、二〇一〇年度の中頃であった。「子どもが荒れている。これを学ぶことで、授業で何とか変えていきたい」とのことであった。そういうことであればと、日程を調整し伺うことにした。

学校には、騒々しいというのとは少し違った、もうそれだけで「学び」とは全く縁のない世界であることを示す、澱んだざわめき感があった。

全学級の子どもの座席表を受け取り、教室を見せてもらうことにしたのだが、どの時間にどの学年学級という設定がない。どこから見てもらってもよいということであったが、各学級の各時間の教科、授業場所の表示もない。で、まず一年生の教室に行ったのだが、ここは三学級とも教室にはいなかった。後で聞くと合同体育で運動場にいたということであった。二年生以上でも教

室にいない学級が幾つもあった。それらのことを一緒に見て回った小山校長も把握できていないようであった。つまり、外部から来た者に全学級を公開するという態勢にはなっていないのである。

これは、わたしの日程調整で、学校としてそれが難しい日になってしまったということもあろうかとは思うのだが、各学級の授業の様子からすると、「学ぶことで、授業で何とか」という意識の共有がなされていないということの表れでもあった。しかし、それはまた、小山校長が退職後に「あの時は、とにかく藁をもつかむ思いで……」と言っているが、そういう思いがひしひしと感じられるような状況でもあった。

そんなことがありながらも何とか全学級を見ることができたのだが、子どもたちは、わたしが最初に感じた通り、「学び」とは違う世界にいた。教室に入らない子、入っても立ち歩いている子、座ってはいるが、マンガ本や落書き、おしゃべりに夢中な子、その時間必要な物は机上に揃っており目立つ何事かをしているわけではないのだが、授業には全く気が向いていない子、そういった子どもたちがどの学級にも少なからずいた。

その後、二度目だったか三度目だったか記憶が定かではないのだが、小山校長からわたしに「授業をしてほしい」との話があった。そこで、当時一番荒れていると思われていた五年生の一学級で授業をすることにした。教材として選んだのは漢詩『春望』。もちろん返り点や句読点、送り仮名をつけない、いわゆる白文である。

『春望』はわたしの好きな漢詩ではない。質が高いとも思わない。それにもかかわらずこれを選んだのは、子どもたちが「わあ、難しい！」と思い、しかし、これは他の漢詩に比べて子どもたちが知っていると思われる漢字が多いところから、「でも、何とかなるのではないか」という思いを持つであろうと考えたからである。

当日、授業開始時間より少し早目に教室に行った。教室には既に何人かの先生が入っていた。他校からの参加も数名あった。子どもたちの様子は前に、短い時間だったが、この学級を見た時とほとんど変わらなかった。教室に入らない子、立ち歩いている子、マンガ本や落書きの子、おしゃべりをしている子、何をするでもないが心ここにあらずという子……。そしてそれが授業開始時間になっても、この学校の先生方のほとんどが教室に入って見ているという状態になっても変わらないのである。わたしはその時、「この子どもたちはいい！」、そう思った。

こういう状況の時、多くはこの時だけはほとんどの子が席について、授業者の話を聴こうとする素振りを見せたりする。だがこの子たちはそれをしない。「学び」から逃げているというよりは、「学び」を体験したことがなく、いわゆる「勉強」に背を向けて、それを態度に表している、そういう意味で素直なこういう子どもたちは、「学び」の楽しさ、面白さにふれると必ずこちらを向き、「学び」の世界に入ってくる。わたしの経験ではそれは動かしようのない事実である。

わたしはその状態のまま、教材文を黒板に貼り、授業を始めた。授業を始めると子どもたちの様子が変わってきた。教材文を見て考える子、教材文を指さしながら近くの子と話す子がふえてきた。聴き合うようにとも話をするようにとも言わないのにである。他校からの参観者が授業後に「マンガの本を読んでいた子がずっと気になっていたが、途中で本を閉じて教材文をじっと見始めたのに驚いた」と言っておられたが、わたしもそれは確かに見た。わたしはこの子がマンガの本を読み終わってからではなく、途中でやめて授業に入ってきてくれたらと思っていたので嬉しかった。廊下で遊んでいた、おそらくこの学級で一番先生を困らせているのではないかと思われる子も中に入ってきて席についた。この子は、「いやあ……」と静かに言って読まなかったのだが、表情は穏やかで、その後も授業の外に出ることはなかった。

大仙小学校の改革はこのような状態から始まった。

2 共に学ぶ――際立つ同僚性

大仙小学校で特筆すべきは教師間の同僚性である。

一五年度まで研究主任だった田良原恒さんは、わたしが大仙小学校に伺い始めた一〇年度の四月に他校から異動してきている。その田良原恒さんが第一六回のセミナーで『風切るつばさ』の実践報告をしたことは既にふれたが、その時の文書に「五年前、赴任当時の本校は、子どもに対する指導が困難を極める状況でした。子どもを変えるのは、学びでしかない。授業でしか変えられない。危機感をもつことからの始まりでした。子どもを落ち着かせたい、子どもを学びに向かわせたいという切なる思いから出発しました。しかし、自分では何もわからず、手探りの状態でした。何をすべきかさえわかりませんでした。学び合う教室づくり、一人ひとりの子どもが安心して学べる教室づくりに心を砕き始めることで、自分のこれまでの授業観や教師観、子ども観が変わってきました。これまで、子ども、教材、同僚、多くの方々から学び続け、歩んできました」と記している。

現研究主任である山口陽平さんは、その翌年に異動してきている。山口さんは第一七回のセミナーの学校づくりの報告の中で授業報告をしているが、その報告文に「転任後すぐ六年生を担任することとなったが、日々思い悩むことばかりだった。絶えずトラブルがおき、授業に参加しない子がたくさんいた。参加しないだけでなく妨害する子もいるという状況だった。どうにかして学びに向かわせようと、これまでの経験を生かして授業に臨んだ。しかし、状況は打開できなかった。……同僚に尋ね、自分なりに考え、研修会に参加し、子どもを学びに向かわせたい一心で、授業実践を積み重ねた。少しずつ子どもが変わってきたように感じた。自分を一から見直し、向き合うきっかけとなったこの経験を、常に胸にひめ、研修を積み重ね、謙虚に授業に取り組んでいる」と記している。

大仙小学校は一三年度に第一回の公開研究会を実施している。この時、分科会のある研究授業を行ったのはこの山口さんである。六年生で「やまなし」（光村図書）の授業であったが、子どもたちの姿も、そして山口さん自身も、全く見違えるようであった。柔らかくていねいなのである。何が子どもたちを、教師を、そして学校を変えたのであろうか。

先に引用した二人の文書の中に共通して出てくる言葉がある。「同僚」である。この二人の研究主任は他校での経験がある。その経験は、「協同的学び」を意識したものではない。困難な状況に直面して自分自身が変わらなければと思い、そのために同僚との学びを求めたのである。以降、これは「同僚性」となって大仙小学校に定着していく。この、学校のあり様はセミナーでの報告にもよく表れている。報告のレジメの2に次のような項目がある。

第1回公開研究会でグループで学び合う子ども

2　教師が変わる

・授業改革を始めてからの先生の歩み　～自ら謙虚に学び続けて～

・他校から異動してきた先生の歩み　～自らの授業観の変革～

・新採二年目の先生の歩み　～聴き合うかかわりをもとめて～

・異動して一学期を終えた先生の歩み　～子ども、授業から学ぶ～

授業報告

・赴任して一年目の先生の授業から　～わからなさに寄り添う学び～　大仲美幸
・始業式から七日目の授業から　～何を願って、何を思って～　山口陽平

登壇して報告をしたのは寺本文代校長、研究主任の田良原恒さん、授業報告の大仲美幸さん、山口陽平さんの四人だが、それ以外に右の「教師が変わる」の「・」に該当する教師が会場から発言している。このあたりの報告の仕方は全く大仙小学校らしい。

翌年、第一八回のセミナー分科会で二年目の大川拓也さんが算数の実践報告をするのだが、その文書の中に「日常的に同僚の授業を何度も参観し、また自分の授業を見てもらい、多くのアドバイスをいただきました」と記しているのも、大仙小学校の同僚性のあり様からみれば当然のことであって、これが校内での授業研究会であれば、話すことも、まして書くことなど必要がないといえるくらいである。

3　「聴く」ことを最優先に――聴き合う関係づくり

一六年度の第四回公開授業研究会の資料の「はじめに」で、寺本文代校長は次のように書いている。「この四月、これまでの積み重ねの成果の一つが見えました。新しい担任と教室で、どの学級も初日から授業を行い、静かに聴き合うことができていました。その姿は、『どの人の話もしっ

かり聴く』ことを子どもたちが前年度までに少しずつ身につけてきた証だと感じました。毎週火曜日の朝に体育館で行う全校集会においても同様です。学級ごとに並んで体育館に入る時、おしゃべりをする子は一人もいません。わたしの話、児童会や委員会の子どもたちの発表やお知らせにも、しっかり体ごと向けて聴くことができます。聴くことのできる全校集会だからこそ、マイクも使わなくても全校児童に声が届きます」

大仙小学校は児童数約四五〇名程の学校だが、全校の集まりでマイクを使わない。それで話が届くし、聴けるのである。

大仙小学校の研修テーマは「聴き合い学び合う学びの創造～一人ひとりの学びの保障を目指して～」だが、それをその言葉通りに、「スモールステップ」を合言葉にしながら、子どもたちに、授業に向き合っているのである。

これは年数回大仙小学校に伺っているわたしが確かに目に耳にしていることだが、それはセミナーでの報告文にも表れている。

山口さんは「そのような大切な時期だからこそ、『聴く』ということを、子どもの事実から丁寧に指導し、徹底させようと考えた。聴き手は、だれのどんな話であっても心を寄せて聴き、受け止めようとする姿勢を示すことで、話を聴いてもらえる安心感を身体で感じさせたいと考えている。そのためにまずは、教師が心を寄せて聴き、受け入れる姿勢を示すことを心がけ、安心して思いを語ることのできる学級の雰囲気をつくることに努めている」と記し、大川さんは「本実践では、わからなさに寄り添うことを大切にし、友だちの考えを聴くことで、自分の考えを深めるようにしました。そのためにも、教師が一人ひとりの子どもの考え、つまずきなどに心や耳を傾け、そこからその事実に寄り添って学びを生み出す授業づくりができるようにしました」と記している。聴くことが安心できる居心地のよい学級をつくる基礎であり、学びの基本となるのであり、そして、それはまず、教師が心を寄せて聴くことだと言っているのである。

大仲さんの報告は大仙小学校に赴任一年目の授業についてだが、「入学式を迎え、子どもたちとの学校生活が始まった。『聴く』ことを大切に、授業づくり、学級づくりを進めてきた。しかし、自分の思いを伝えるばかりで相手の言葉に耳を傾ける様子はなく、子どもたち同士もつながりあえていない、『聴く』とは程遠い状態が続いた。自らの研修不足を痛感し、悔しかった。一人ひとりの学びを保障するために、子どもたちが安心して学べる教室づくりを目指そうと思った」と、強く「聴く」ことを意識しているのである。

この三つの報告からわかるように、大仙小学校は「聴く」ことを最優先に取り組んでいる。そしてそれは、「聴く」ことが安心して学び合える学級、学びそのもの、一人ひとりの学びの保障と不可分なものであることをふまえてのものなのである。

4　わからなさに寄り添う——悩んでいるところ教えて？

第一七回のセミナーでの報告で、大仲美幸さんは「安心して学ぶために、ペアでの学びを多く取り入れて、一人もひとりにしないようにしたり、わからなさを全体で伝えることで学びを深めたりすることを大切にした。少しずつ相手の思いを聴こうとする気持ちがクラス全体で感じられるようになってきたが、『わからない』が言えない子もまだたくさんいた。難しい課題に取り組むことで、更にペアで聴き合いながら『わからない』が出せたらいいなと考えた」と書いている。実際、セミナーの場で映し出された授業でも、「いろんな声が聴こえてきました。いろんな声が聴こえるんだけど、なにかここ難しい、わからんな、悩んでるっていうお友だちがいるね。悩みを教えてくれる？」と子どもたちになげかけている。それに対して三人の子どもが挙手するのだが、わからないところを出させるにあたって、「悩みを教えてくれる？」はいかにも大仲さんらしい。Ⅰ第2章で掲げた大川さんもまた、その報告文の中で「お互いの考えを聴き合う、わからないことをわからないと言える学級風土」を育てたいと言い、そのように取り組んでいる姿をわたしは見てきている。

このように大仙小学校は「わからなさに寄り添う」ことを強く意識しながら日々実践に取り組んでいるのだが、それを象徴するような授業が一七年度の第四回公開研究会であった。

授業者は谷川彩さん、三年生の算数である。課題のプリントを配付すると、子どもたちはすぐに課題を読み、考え始める。しばらくして、谷川さんが「わからないところあるかな?」と訊くと、数人の子どもが手を挙げる。なんとその中に普段はほとんど発言することのない玲子さんがいる。谷川さんは必ず玲子さんを指名する、そう思って見ていたので、指名前からわたしの興味は玲子さんの発言内容に飛んでいた。

この日、わたしはもう一つの研究授業を担当していたので、この授業は後にビデオで観たのだが、指名された玲子さんの発言はほとんど聴き取れなかった。そこで音量を一杯に上げて再度見たのだが、玲子さんはそれでやっときこえるぐらいの声で、「問題がわからない」と言った。わたしは思わず「やった!」とつぶやいてしまった。

「わからなさに寄り添う」という時、よく取り上げられるのは「ここがわからない」「ここから後がわからない」「何故そうなるのかがわからない」であり、また、子どもの「間違い」に寄り添うことであったりする。それは素晴らしいことである。しかし同時に「何のことだか全然わからない」「どこがわからないのかもわからない」という「わからなさ」にどう寄り添っていくかということも考えなければいけないと常々思っているわたしは、この玲子さんの発言はまさに「やった!」であった。

「全然わからない」「何のことかわからない」と口に出して言う子どもがいる学級はある。そういう学級はいい。だが、玲子さんのように普段からほとんど発言しない、学力的にも苦しい面があるという子が、大勢の人に見られている状況で、しかも挙手をして「問題がわからない」などと言える学級は少ない。玲子さんもこの学級のあり様も素晴らしい。

谷川さんはこれにまず「問題を読んでみて」と対応する。問題を読んだ玲子さんに「これのどこがわからない？」と問う。しかし、これに何らかの具体的反応が返ってくることはないであろうと思っていたようで、すぐに「玲子さんがどこがわからないのかペア、グループで考えてみて」と子どもたちに振る。「何のことかわからない」のを「どこがわからないのか考えて」というのだから、これはかなり無理のある話である。しかし、谷川さんの「何のことか全然わからない」という「わからなさ」にも寄り添いたいという思いがひしひしと伝わる授業であった。

5 学びの質を考える——質の高い教材、課題を

大仙小学校は学びの質を高めようとしている。そのため、質、レベルの高い教材、課題を模索している。わたしは毎年七回程伺うのだが、毎回、算数では教科書よりもレベルの高い課題が用意されているし、社会科では教師の手になる資料が子どもたちに配付される。国語では教科書以外の作品が使われることもある。もちろん教科書の教材も使われるのだが、その場合、いわゆる指導書と言われるものに書かれているような方法手順で授業が行われることはまずない。

次ページ上の写真は五年生の社会科で、子どもたちが友だちの話を聴いているところだが、机

友だちの話を聴く五年生

枕草子に読みひたる六年生

上に授業者である嶋谷智行さんが配付した資料がある。もちろん教科書や資料集も使うのだが、子どもたちの学びは教師が配付した資料が中心となる。

六年生の歴史、富岡製紙工場に関する授業では大学の入試問題にヒントを得た資料が出されたこともある。中学校の資料集、インターネットで検索したものからつくられた資料もある。こういった資料が、一時間に二、三枚用意されていて、子どもたちの学びはこれらの資料を読むことから始まる。課題は、教師が資料を作った場合、当然その中に包み込まれているので、資料を読んだ子どもたちから出されるという形になる場合が多い。

国語では、よく詩が採り上げられる。山口さんがセミナーでの報告で「ある時」（山村暮鳥）の授業ビデオを出しているが、その暮鳥をはじめ、三好達治、室生犀星、宮沢賢治、まど・みちお、谷川俊太郎などが多く選びとられている。古典では「枕草子」、それも第一段だけではなく第百二十五段などの授業も見せてもらった。前ページ下の写真は六年生が「枕草子」を読んでいる時のものだが、よく集中して読みにひたっている。

これらの詩や古典について、大仙小学校の教師たちは「わからせよう」「理解させよう」とはしていない。わたしが奈良県御所市立大正小学校の六年生で「ある時」の授業をした時、担任の中畑友見さんが子どもたちの感想を送ってくれたのだが、その中に「今日は授業をしていただいてありがとうございました！　奥がとても深くて、ほんまの目的がわからず、次へと次へと進みたくなるような〝ふしぎ〟な授業で、とても興味がわいてきました。ほんまに何時間でも受けれそうで、むずかしかったけど、ずっとしておきたいくらい深くて楽しい授業でした。今日は、ほんまにたのしかったし勉強になりました！　ありがとうございました！　吉田千里より」と書かれているものがあるのだが、そんな感じの読み、授業を目指しているように思える。また、子どもたちのつながりについては、別の学校の六年生で授業をした時、その学級で学力面、人との関係など含めて一番苦しい状態にある薫子さんが「今日、先生の先生が来ました。とても、うれしいです。今日も、先生の先生がいつものように詩みたいなのを持ってくるから、よく考えすぎて発表ができないです。だから、友だちのいけんがききたいです」と書いてくれているのだが、そんな感じのつながりを生み出そうと意識しているようでもある。

大仙小学校は、学びの質─教材・課題─子どものつながりを一体のものと捉え、授業づくりをしていこうとしているのである。

6　ていねいに学ぶ──日常の細やかさから

大仙小学校の取り組みはていねいである。

4で谷川さんの授業について触れた。玲子さんの「問題がわからない」に対して、問題を再度読み、玲子さんはどこがわからないのか考えてみようとペア・グループに振る。これは、玲子さんの「わからなさ」にていねいに対応しようという谷川さんの姿勢の表れである。結果的に時間がかかり過ぎることになるのだが、谷川さんの思いはよくわかる。谷川さんは子どもたちの「わからなさ」に対して「わかる人、教えてあげて」という対応は決してしないのである。

同じ時間にあったもう一つの授業、四年生「あとかくしの雪」（木下順二）の徳留愛さんもそうである。まず、各自、ペア、指名と全文を三回読むのだが、指名の中には読みに入りにくそうな厚子さんも当然のように含まれている。また、この授業は途中でも各自またペアで文を読むことが何度もあるのだが、いつも最後になるのが大介さん、また大介さんと啓子さんのペアなのだが、この読みがいい。ゆったりとしていていかにも文と向き合っているという読みである。本文一八行の作品で、ほとんどの子が読み終わった時、まだ六行残っているという状況だが決して急ぐ気配はない。他の子どもたちも当然のようにその読みを聴いている。これも普段からの徳留さんの子どもの読みに対するていねいな対応の表れである。

三回の読みの後、グループで思いを聴き合う。だが、子どもたちは聴くばかりでない。淳一さん、綾香さん、悠さん、正子さんたちはグループで読んでいる。

徳留さんが思ったこと、感じたことを訊いた。正吾さんが言う。「百姓は、おらとこは貧乏でなんにもない言うて、旅びとは、おら、なんにもいらんぞ言うてるのに、なんで百姓がもてなしてやるのかわからない」と。徳留さんは文を読ませ、グループに戻す。この授業の中で、三人以上の子どもが続けて発言することはない。挙手している子がいる場合でもである。

どの教科でも、どんな学びでも、何人もの子どもが続けて発言すると、その発言を受け取れなくなる子どもが必ず出てくる。どんな学級でもである。徳留さんはていねいに、文に、グループに戻す。

その後、徳留さんは「百姓が旅びとをもてなそうと思ったのはいつか考えながら読んでみて」と再び読みに戻す。しかも、「なんで百姓がもてなしてやるのかわからない」という子どもの発言を生かしながら、読みの方向を変えている。子どもから「なぜ」「どうして」が出るのはよくあることだが、そのままいくととても理屈っぽく、しかも文から離れて一般的な考えの続出になっていくということを知っている徳留さんらしい対応である。徳留さんの問いであれば子どもは文に戻って読む。子どもが「なぜ」「どうして」と言うと、それをそのまま受けて「なぜ」「どうして」と考えさせる方向で進むという授業を見かけることがあるが、徳留さんはそうはしない。このあたりも的確でていねいである。

この大仙小学校のていねいさは、日常の細やかさ

ていねいに資料を配る

から始まっている。

大仙小学校のほとんどの学級では、特に学年の初め、子どもたちに配付する教材、資料については教師が配付して回る。前列の子に渡して後ろに回させるということをしない。多くはペアで一部となるので、教師が各ペアを回って手渡すかペアの真ん中に置くかする。これは、この教材、資料に二人でていねいに目を通して考えてねというメッセージである。子どもたちは配られるとすぐにその教材、資料に向かう。

前のページの写真は田良原さんが子どもたちに資料を配付しているところだが、その手つきにもていねいに配付しようという思いが表れている。

子どもが発言する。それを聴くということについての対応もていねいである。「聞こえた?」「届いた?」「受け取れた?」などの問いかけは当然だが、それに対して「うん」「はい」「聞こえた」などの反応が返ってきてもそれで終わらない。反応を示さなかった子、また、「うん」とか「はい」とかの反応はしたが実際はどうかなと思われる子も必ずいるからである。そこで、「今のどう思う?」「ペア(グループ)で今のこと考えてみて」などが必ず入る。その様子で、聴けていない子が多かったと思えば、「もう一回言ってもらおうか」となる。このようにして、聴くということをていねいに浸透させていくのである。まさに大仙小学校の合言葉である「スモールステップ」の積み重ねである。

わたしは大仙小学校に伺って七年になるが、この大仙小学校の変わり様は驚きである。先生方の学び、学びに対する姿勢が大きいのだが、一番学ばせてもらっているのは、おそらくわたしである。

第3章 「すべての子どもの学びと育ちを保障する」学びづくりとその継承を
――岡山県岡山市立岡輝中学校の学校づくり

佐藤 雅彰

1 改革当初の思い

教師たちで現状把握として学びの関係性をモデル化し、様々な場面で、子どもたちをつなぐ活動を行う。また、すべての教師が、子どもたちが教室に「居てくれるだけで幸せ」という気持ちを常にもち、子どもとかかわっていくことを共通理解した。特に、だれも子どもを孤立させない、これが積極的な生徒指導の原点であると共通理解して、授業改革・学校改革を始めた岡輝中学校の実践報告である。

改革当初、困難を抱える学校と言われ生徒指導は大変だっただろう。わたしは平成一九年三月一四日、校内研修に招かれた。すべての教室を参観させてもらったが、授業の空いている先生は、廊下に机といすを置き、仕事をしている。教室からエスケープする子どもを説諭し教室に戻すためである。様々なことで心が傷つけられてエスケープした子どもは、仮に教室に戻っても心が解放されなければ学ぶわけではない。何人かの子どもは机に突っ伏し、机上には何もない。

それでも、この学校の教師は「教室に居てくれるだけで幸せ」という気持ちで、子どもと焦らずにかかわっている。しかも教師たちの表情は非常に明るい。この明るさはどこから生まれるのだろうか。その謎が夜の懇親会で解けた。先生方が実によく子どもの話をする。教室に戻した子どもや手のかかる子どもたちの話題が尽きない。「あいつ、今日は授業で頑張っていた」「○○は最近家で嫌なことがあったらしい」などといった話題がだされ、その情報を教師全体で共有している。困難を抱える子どもたちに立ち向かうには、教師同士が助け合わなかったら子どもと対峙できない。そうした状況のなかで、自然と同僚性が高まったのだろう。この教師たちとなら改革ができる。そう思った。

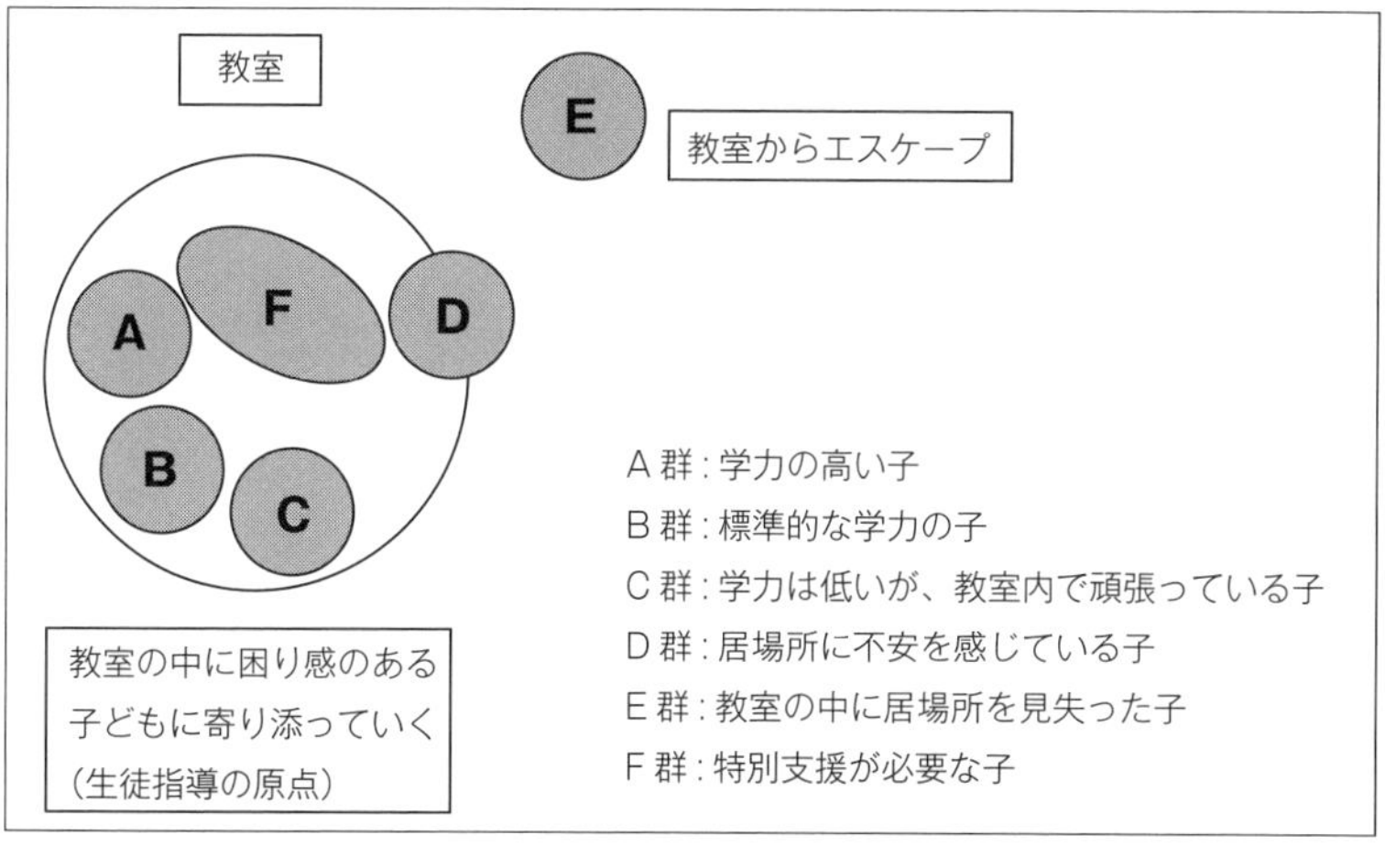
教室
E
教室からエスケープ
A
F
D
B
C
A 群：学力の高い子
B 群：標準的な学力の子
C 群：学力は低いが、教室内で頑張っている子
D 群：居場所に不安を感じている子
E 群：教室の中に居場所を見失った子
F 群：特別支援が必要な子
教室の中に困り感のある子どもに寄り添っていく（生徒指導の原点）

2　学びの共同体としての学校づくり導入の経緯

この学校が、学びの共同体としての学校を目指す取り組みを始めたのは二〇〇七年である。当時の学校は、三年生を中心に各教室から廊下に出る、いわゆる授業エスケープをする子どもたちが多く、生徒指導困難校として名を馳せていた。その学校が、なぜ学びの共同体を導入しようとしたのか。このことに関して、二〇〇七年、この取り組みを提案した当時の校長である森谷正孝氏が取り組みの三年後（二〇一〇年）に次のように書いている。

「学びの共同体で『夢』を追い続けてきて三年目を終わろうとしている。『協同学習』(協同的学び)の取り組みのきっかけは、平成一七年六月二七日（二〇〇五年）の山陽新聞の夕刊と静岡県富士市立岳陽中学校の実践集『公立中学校の挑戦』の序章『ここに中学校の未来があり希望がある（佐藤学）』にある。限界を感じていたわたしに「ひょっとしたら」という熱いものを感じたのを今も覚えている。平成一九年（二〇〇七年）二月の職員会議で平成二〇年度から一斉にスタートと議決した。にもかかわらず、三月一四日（水）に佐藤雅彰先生に来ていただき校内研修の結果を受け、研究主任の西中先生の『もうやりましょう。四月からやりましょう』で決まった。『もう信ずるしかない。転勤もあり得ない』と決断した。それは何よりも同僚の先生たちの熱いものに動かされた結果であった。

結果は、三年間やった現三年生の子どもたちが証明してくれた。これからのことは、これからの人たちにゆだねるが、子どもにとって何が大切か、何ができるかを常に求めていってほしい。子どものための授業を求める中、公開授業はいつも佐藤暁岡山大学大学院教授や佐藤雅彰先生がコメントしてくれる『子どものためにみんな（教師も子どもも）で取り組んでいる姿を見てほしい』に自信をもって継続してほしい。いくらやっても行き着く先がはっきり見えないのが『岡輝らしさ』だ。しかし『諦めるな！』」

こうした経緯で学校づくり・授業づくりが始まった。ただ、学びを諦めた子どもを元に戻すには時間がかかる。この学校は、学びの共同体としての学校づくりをどのようにしたのだろうか。

3　ヴィジョン・哲学を明確にし、教師全員で共有する

平成一九年三月の職員会議で、「すべての子どもの学びと育ちを保障する」をヴィジョンとすること、哲学として「だれも孤立させない、だれも見捨てない」こと、困難を抱える学校だからこそ「すべての教室を公開すること」「授業実践から学び合うこと」を教師集団で確認し、すべての教科で、すべての時間で、「活動的で協同的学び（協同学習）」を取り入れることを決定する。まず「不登校をなくす」「教室離脱する子どもをなくす」を全教職員で取り組むことにした。

【授業のどこをどう変えるか】

① 協同学習を組み込む

せっかくエスケープした子どもを教室に戻しても、今までと同様な一斉指導型の授業であれば、子どもは変化しない。すべての子どもが学び続けるには、まず教師が授業スタイルを変えること、次に、どの子どもにも教室に居場所をつくる。エスケープする子どもの多くは、「わからない」→「できない」→「面白くない」→「教室に居場所がない」という悪循環に陥り孤立感を深め、傷つき教室からエスケープしていく流れが多い。この悪循環を断ち切るために協同学習を取り入れる。

協同学習で、一人では解けない子どもが、主体的に仲間に「教えて」ということ、訊かれた子どもは納得のいくまで説明をする。この学びの作法を身体化させる。この学校の教師は、「学び続ける子どもは決して崩れない」を信じて協同学習に取り組んでいる。

② トランポリンに乗せる工夫、モノ（具体物・半具体物）の用意

協同的学びを組み込むにあたって、この学校は、もう一人のスーパーバイザーをお願いしている。それが岡山大学大学院教育学研究科の佐藤暁教授である。先生は長い間、特別支援を専門に研究されてきたため、発達障害系の子どもの見とりを熟知され、適切な判断と対応を教師たちに指導してくださっていた。

先生は、教室をトランポリンと見立てる。「最も大事なことは、子どもたちをどうトランポリンに乗せるか。乗せることができれ

モノが学びを活性化する

ば、仲間のだれかが跳ねると、それと共に一緒に跳ねることができる。まず教室の中での仲間とつながり合うコミュニケーション能力をはぐくみ、柔らかな人間関係を構築すること。まずは学校を子どもが安心して過ごせる場にしてあげたい。」と。

そこで、この学校の教師は「子どもと子ども」「子どもと学び」がつながるように、できるだけ具体的なモノを準備したり、授業の中で困り感を示す子どもへのケアをしたり、様々な工夫をしている。

③　生徒同士がつながる学び合いづくり

一つ目、教師は説明にあたって、文字や言葉だけでは課題をイメージすることが困難な生徒が多い。そこで写真のように、できる限り具体物、写真や絵など視覚化を図る。ワークシートにもイラストや写真などを描き加える。

二つ目は、「めあて」は明確に、「発問はスッキリ」を合言葉にする。授業の最初に何を学び、何を学んだことになるか、スタートの時点でゴールを明確にする。ゴールが明確になることで、学びに興味をもち、学びきったときに達成感が生まれる。作業が終わったとき、次に何をするのかがわかっていると落ち着きやすい。

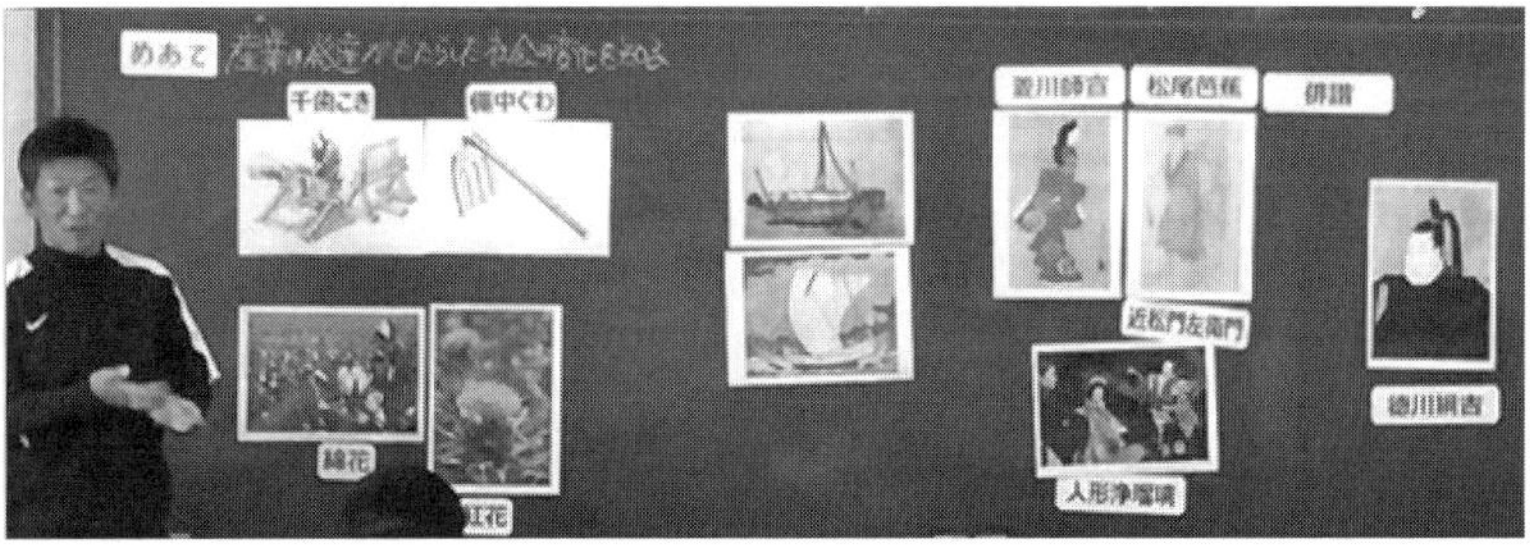

視覚化を図った課題提示

三つ目は、聴き合う関係をつくる。どんな意見もバカにしない。きちんと聴く。それには教師自らが子どもの発言をきちんと聴き、聴き方のモデルを示す。これは絶対に必要なことである。

④　溝や壁を取り除く

子ども同士の関係がよくないと、子どもは自然と机を離したり、筆箱や教科書等で壁をつくったりしがちである。まず物理的な壁や溝をなくし、強制的でもつながりをつける。できた子どもの発言ばかりで授業を進めるのではない。一人では解決できずに困ったところなどをみんなで共有し、一緒になって考える。そうした民主的な共同体をつくる。

⑤　教室をコの字にする。グループは三人～四人の男女市松模様

教室をコの字にすることで、子どもが互いの顔を見ながら聴いたり、伝えたりすることができ、安心感が生まれ、子どもが学びの主役であることが体感できる。さらにペアで机をつけていることで、すぐに隣の人とつながることができ、授業の中で孤立することがない。

⑥　真正の学びと授業構成

共有課題とジャンプ課題で授業を構築する。共有課題とは、この時間にすべての子どもに学ばせたい事柄、つまり基礎・基本的な課題である。共有課題では基礎・基本の共有と低学力層の底上げを図る。基礎問題を解く、調べ学習をするといった個人作業を協同化する課題を設定することで、すべての子どもが知識・技能の習得を目指す。

ジャンプ課題は、教科書に乗っている課題よりも高く、すべての子どもが悩み、深く思考・探

究する課題を提示する。課題が低すぎたり、思考を伴わない課題だったりすると、子どもは夢中にならない。ジャンプ課題では、教師は子ども任せにせず、臨機応変な足場かけ（解決の糸口）を準備する必要がある。

⑦　教師が教育の専門家として育つ研修の定例化

ア　すべての教師が、年間一回以上は公開授業を実施する。少なくとも学年所属の教師たちが子どもを見とり、水曜日放課後に学年研究協議会を行う。そのために、時間割上で学年研究協議時間を設定する。

イ　学期に一回、各学年の代表による公開授業と研究協議を実施する。この日は、学びの共同体スーパーバイザーなど外部講師から授業へのコメントをいただき、協同的な学習の深化、進化の一助としている。

ウ　授業を見とる記録用紙を作成する。

研究協議のときに、時系列を追って語ることができるように、子どもの見とりとして、特別な観察シートを作成する。「モノを使ったとき」「孤立している子」「グループ活

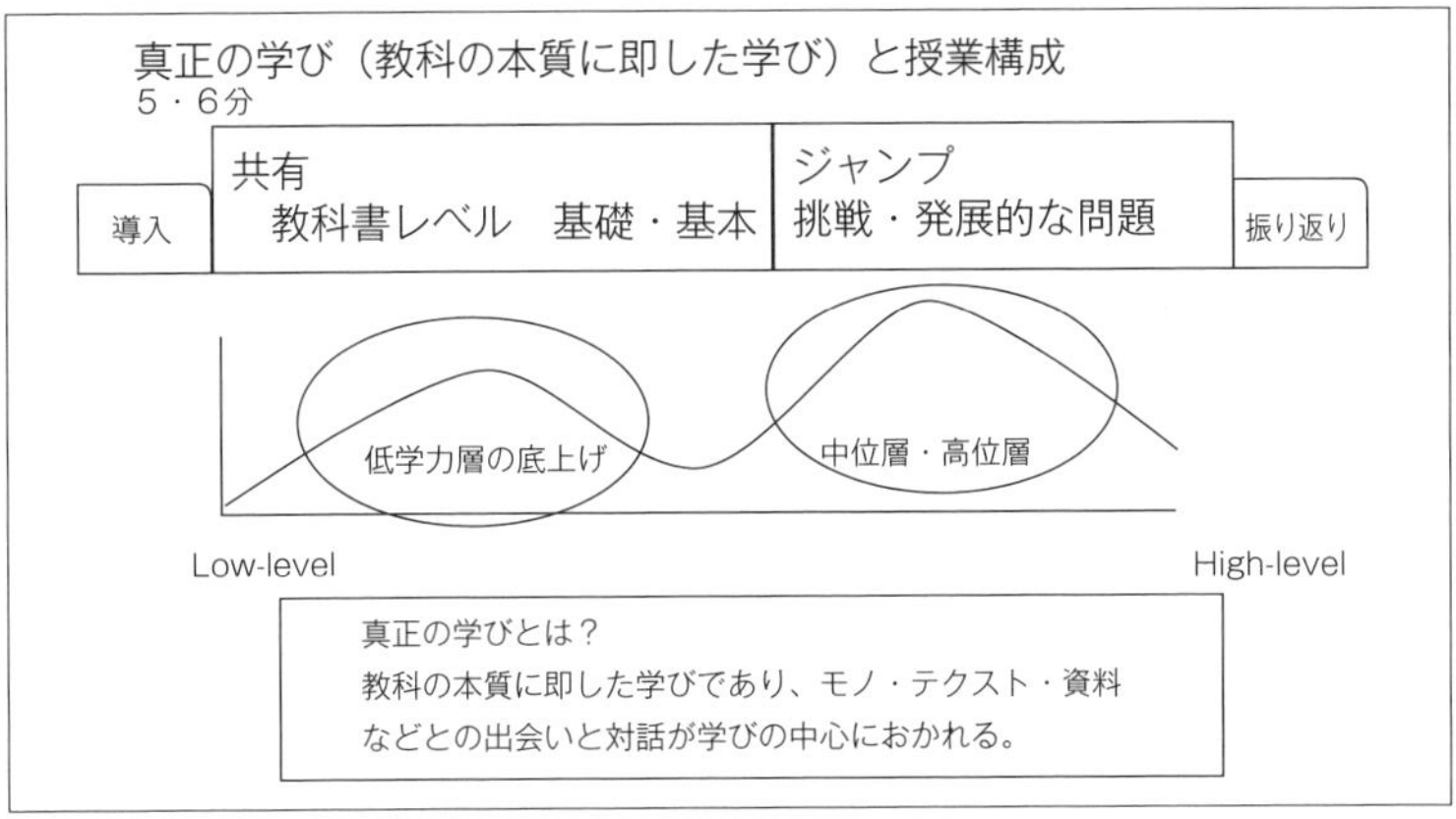

動をしているとき」「教師の『聴く―つなぐ―戻す』技術について」「子どもの身体から見とる」「子どものつまずきを見る」「子どものつながりを見る」。見たことについてどう感じたかを観察シートに書き留める。この学校では、授業実践のなかで生起した一人ひとりの学びの事実を丁寧にリフレクションする活動を今も継続し、専門家としての成長を遂行している。

ところで、同じように学びの共同体としての学校改革を進める藤木文博（元福岡県みやま市立大江小学校長）は、大江小学校の校長時代、次の五点を教職員に示して取り組んでいた。教職員が共有することは、言葉は違っても同じに見える。改革には、ヴィジョン・哲学・理論・戦略が必要である。

1　みんなで登る山を決める
2　みんなで登るルートを示す
3　みんなで登る方法を示す
4　みんなで登る組織をつくる
5　登るエネルギーを提供する

4　協同的学びを継続するために

学びの共同体の理念に基づいた実践を追求するために、岡輝中学校では、次のような取り組みをしている。

ア　新任者研修

四月当初、岡輝校区（保幼小中六校園）に新しく赴任してきた教職員を対象に、協同学習を取り入れた森谷正孝元校長に、岡輝校区の厳しさの背景や取り組みなどを語っていただいている。

イ　教職員研修

四月当初、教師全体で協同学習の確認や前年度のアンケート調査結果から、本年度取り組む重点課題も共有し合っている。

ウ　協同学習の授業参観と見とり

四月前半に、第二学年と新しく赴任してきた教師で、研究授業・研究協議を行い、授業改革のイメージをもつようにする。研究協議では、授業評価ではなく、子どもの事実を中心にして語り合い、安心して授業を公開できる雰囲気をつくっている。

エ　他校視察

オ　六校園公開研修・夏季研修会

カ　六校園とは別に四校協同学習合同研修会

岡山市では、岡輝校区の他に西大寺中学校・福田中学校・足守中学校が抱える問題点は異なるが、同じ協同学習を実践している。そこで、公開授業の交流や夏季休業中に四校合同協同学習研修会を実践し、ネットワークづくりをしている。合同研修会では、ビデオ記録をもとに、子どもの見とり方やケアの仕方、教科としてのめあて、デザインなど日々の授業について語り合うようにしている。講師として、岡山大学大学院・佐藤暁教授を招き、助言・講演をいただいている。

5　コミュニティ・スクールとしての協同学習と地域との連携

①　六校園のつながり

岡輝中学校は二〇〇七・二〇〇八年、コミュニティ・スクールの指定校であった。その関係で、中学校が中心となり、六校園研修「保・幼・小・中一貫教育」の深化、地域への発信をしている。その取り組みの一環として、四月前半に、中学校第二学年と新しく赴任してきた教師で、公開授業と研究協議を行っている。研修を何度重ねても、実際の授業を見ること、一緒に授業を見て語ることをしなければ授業のイメージはつながらない。協同的学びの基本や子どものの見とり方を、早い時期に一緒に行い、新しく赴任した教師に見通しをもってもらうことが大切になる。そして、研究協議の中で、授業を評価するのではなく、子どもを中心に何が学べたかを語り合う。そのことが、安心して授業を公開できる雰囲気をつくる。こうした活動を通して、「協同学習」が、保・幼・小・中を通して、子どもを中心とする改革が確認されることになる。

また六校園研修として中学校が協同学習に取り組んだ一年後には、小学校も協同学習に取り組み、保育園・幼稚園も「学びの共同体の理念」で、保育（遊び＝学び）を行うようになった。〇歳から一五歳までの間、公的な機関である学校園が連携を取り、子どもたちを一貫して教育する地域とともに責任をもって育て、進路を保障していく取り組みの体制が整ったといえる。

さらに各校園が年一度授業・保育を公開し、お互いに参観し、授業・子どもの事実・学区の現実を語り合い、これからの取り組みの方針を共有する機会も確保している。夏季休業中は、六校園の一つが授業ビデオを提供し、全員で視聴し、研究協議を行い、夏季研修会も実施している。

②　地域の方々に授業の体験

地域の方々の学習参加の一つである。学区の子どもたちを見守るのは、教師や親だけではない。地域の人たちの学校外での支援も大切である。

特に授業がどう変わるのかを体験する活動である。例年、地域の方で希望される方々と子どもたちで授業を行っている。グループ構成は、子ども二人と地域の方二人の四人である。地域の方々が、市松模様に座り、楽しそうに学ぶ姿が印象的である。

6　小学校から進めてきた協同的学び（協同学習）の成果

○わからないことを素直に認め、仲間と共に学ぶ姿勢がよくなった。
○困ったときには仲間が助けてくれる、という信頼感が醸成されるようになった。
○間違っても大丈夫だという安心感をもてるようになった。
○子ども同士のつながりが深まり居場所感を感じている子どもが増えた。
○不登校が減少、授業離脱者が減少した。

7　岡輝中学校協同学習追跡調査

平成二七年一〇月実施　調査人数四一人
卒業生の追跡調査は、なかなか難しいものがある。
この学校では、とりあえず、在籍している子どもたちの兄

地域の人の学習参加

や姉にアンケートをお願いした。

調査問題　岡輝中学校時代、「協同学習」をして、よかったと思いますか？
◯で囲んでください。できれば理由も書いてください

	よかった	まあよかった	あまりよくなかった	よくなかった	その他
社会人	4	1	0	0	0
大学生	4	2	0	0	0
高校生	16	8	0	1	1
その他	1	2	0	0	0
合計数	25	13	0	1	1
%	62.5%	32.5%	0 %	2.5%	2.5%

〔社会人の感想〕
・わからないところを先生に訊くより、友だちに訊くほうが気軽、教える側の人も教えることで、より内容が頭に入ってくる。　・みんなで考えたほうが楽しく学べた。
〔大学生の感想〕
・授業が眠くない。わからないことがあったらすぐに確認できる。黙っているよりは、楽しく取り組めた気がする。　・中学校時代の良い思い出です。クラスの仲が良くなった気がします。協同学習を通して、人の気持ちを理解することと相手に自分の意志を伝える力がついた。クラスで孤立する人がいないところもよかった。
〔高校生の感想〕
・クラスの友だちと少しでも会話をする機会が増えた。授業中四人が席をあわせ、わからないことを教え合えば、嫌でも自然とコミュニケーションがとれるので、とてもいいと思う。高校に入ったら、全員が前向きで、授業スタイルが変わり、余計、協同学習のスタイルがいい。
〔役に立っていないと答えた子どもの感想〕
・頭の悪い人にとってはいいけど普通の人や良い人にとってはなくてもいい。

8　継続することが最大の課題

取り組み始めた当時から岡輝中学校に勤務している教職員も残りわずかになった。協同学習に取り組み始めてから、子どもたちとの関係も柔らかくなり、子どもの学校生活は落ち着いてきた。しかし、まだまだ地域の困難さや厳しさがなくなったわけではない。

今の岡輝中学校区の現実を見るとき、八年間取り組んできた協同学習の理念・哲学・方策を今後も全教職員で継続、継承していかなければならない。

協同学習は、保幼小と学区に広がり、学区全体で取り組まなければいけないという現実、取り組んでいかなければならない背景が今も現実にある。この学校が求める協同学習の理念は、ただの授業改革ではなく、学校を変える、そして地域を変えることを目標にしている。

この学区で学んだ子どもたちが、一八年後、この地区で親になる。その子どもが岡輝中学校区で親と同じように協同学習で学ぶ、そして学区全体の雰囲気が変わるという地域再生までを視野に入れた遠大な計画で今も永久革命を行っている。

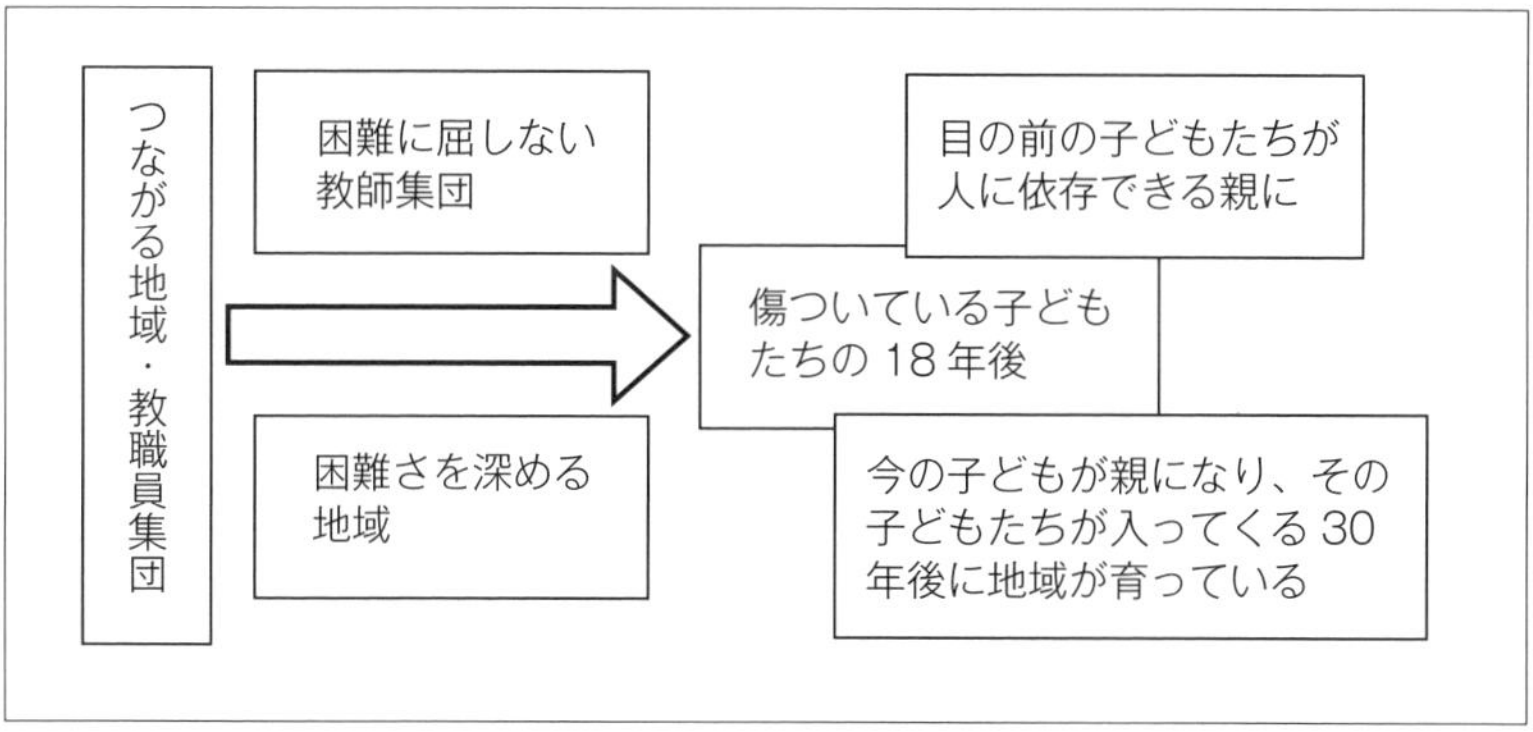
つながる地域・教職員集団
困難に屈しない教師集団
困難さを深める地域
目の前の子どもたちが人に依存できる親に
傷ついている子どもたちの 18 年後
今の子どもが親になり、その子どもたちが入ってくる 30 年後に地域が育っている

解説

セミナー二〇年の歩みと学び育ち合うネットワークの形成

1 「授業づくり・学校づくりセミナー」の果たしてきた意義

石井順治先生が「はじめに」でお書きくださっているように、稲垣忠彦先生の御提案から始まったセミナーは、二〇年の歩みを続けてきた。それは石井先生、小畑公志郎、佐藤雅彰先生という三名の先生方と佐藤学先生が、何がこれからの子どもたちにとって、すべての子どもたちが可能性を発揮し、幸福な社会生活を送れるために公教育としての学校で、授業において「何が」できるかのビジョンを共有してこられたことによる。それは、具体的にその実現のための授業のイメージ、学習者としての子どもたちのかかわりの姿のありかたやそのイメージを、映像や実践事例記録をもとにして共有してきたこと、またその実践事例一つ一つを通して、授業をつぶさに語る言葉、個々の先生と子ども達が織りなすかけがえのない授業の良さを示しているからである。そしてその差異の探究から、学び合う学びのために重要な、授業における教師の行為の理論と学びの見方を導き出しておられる。同じ方向性を目ざしつつも、一つ一つの教室の息遣いや学校の変容のサイクルの差異を示す軌跡を大事にしてきたことを本著の数々の事例から読み取ることができるだろう。

当時まだ三〇代初めの研究者の卵の院生であった私が、佐藤学先生に東海国語教育を学ぶ会に連れられて参加させていただいて以来、東海国語教育を学ぶ会、そして本セミナーで学ばせていただいてきた。初回の清里でのセミナーの場で私自身がよく覚えているのは、「＊＊先生の授業」の取り組みを焦点に深く議論してきた会から、このセミナーにおいて特定の教師の授業に関してだけではなく、その授業者の教師と共に学ぶ、学校の同僚や校長先生たちのありかた、またそこにかかわる教育委員会やアドバイザーの人との関係のありかたまでが、このセミナーでの射程になって論じられるようになってきた。稲垣先生は第一回のセミナーに青森県三本木小学校で「校内研修」について検討されてきた伊藤功一先生も呼ばれ、講師や授業者だけではなく、教員同士が語り合う場のある研修セミナーを開催された。それ以来このセミナーでは特定の個人や学校だけではなく、教師自身が学び育ち合う学校や、学校を越えたネットワークの網の目の中で、子どもたちも学び育つということを、実践を通して行ってきている。それが本著のⅢで具体的に、学校の姿として描き出されている。このセミナーで講師の方々がかかわられた学校は数知れない。だがその中でも特徴的な学校が描きだされている。しかしそれらの事例からわかることは、学校の変革の出発点に教師と同時に、すべての子どもの学びの姿があるということである。そこにあるのは、教師や校長の努力、また保護者の連携であると同時に、それに応答するそれぞれの子どもたちの姿である。子どもたちもまた、学校を変える主体者であり、自分たちの学びの主権者であることが、本著を通じて伝わるだろう。授業づくり、学校づくりの話では校長や教師の力で変えるという言説が巷にあふれている。しかし、教師の試みに同行し誠実に応答し、子どもたちの学びが支え合うことでさらに深まっていくことで教室の雰囲気や学びの深まりが変わることが、大きな駆動力となることが本書を通して伝わってくる、そしてそれが授業者や学校の教師、そして講師によって捉えられ、子どもの実態の語りや未来への願望だけではなく、支え合うことで子どもが伸びようとする瞬間が見えることの喜び、またそこへ至る苦悩と苦労への共感が、人の絆を創りだすことが深い学びに繋がっている。

またそこで稲垣先生が「one of them」で学ぶことを語られると同時に、稲垣先生が会にかかわるご自身の姿勢として貫かれ私たちに見せてくださった。その姿や佐藤学先生の姿が、私には研究者がかかわる時のモデルとなった。そして多くの若手研究者もまたここで学ぶ輪が生まれてきた。

2　協同的学びと夢中になる授業

今の子どもたちの多くはその人生の中で、二一世紀だけではなく、二二世紀を生きることになる。そのために必要なものはなにか、そこに「主体的・対話的で深い学び」の言葉が生まれている。しかしその授業のイメージ、学習のイメージは本当に多様である。主体性が一人一人の主体性ということで、子ども個人のみに焦点を当てた語りになることが多く、対話的ということもやりとりをしていることとして話し言葉でのやりとりのみとして捉えられ、深い学びは教師の思うような方向の学びが起きたことを指すことに使われがちである。それに対して、本著の先生方が紹介されている授業、そして卓越したスーパーバイザーがその授業の中で何をみているかをみることで、主体性は相互的に支え合うことで生じている、子ども同士が協働で引き出し合う主体性になっていることが見えてくる。個々人の主体性Student agencyではなくStudents' agencyなのである。そして本著の中には、今回学び合う姿の様々な写真が入れられている。写真は子どもたちの支えあいの静かな学びの姿、夢中になっている時の身体姿勢のやわらかな寄り添った姿を見せてくれている。写真はその瞬間授業で何を見ておられたかが見えてくる。特に一連の写真による変化、例えば聴くことを通して学ぶとはどのような姿が変化から見えること、これはいいショットを捉えるということとは大きく異なる意味を持つ。教室にいる子どもたちや教師のこの繋がりが見えるからこそ、この本が協同的とは何か、その奥行きを示し、繋がりを生み出す学びのイメージを明確に示すものになっているといえるだろう。

そして本著の中での深い学びの姿は、授業者が事前に想定する学びを越える子どもたちの着想や解決の豊かさ、その学びの道筋の展開において探究することの深さを示している。どの子も夢中になる課題をさまざまな教科から示している。そしてそこにおける子どもたちの思考にあらためて私たちは、驚きをもつ。Ⅰのタイトルとなっている「子どもの学びをひらく」のひらくには「開く、拓く、啓く、披く」のどの表記もあてはまる世界が描きだされている。夢中になることで自らの心を不安や心配から解放して開き、教科の深い内容への思考へと拓き、それを共に共有し合うことで誰もがわからないことが『なるほど』と納得し未知から新たな既知の世界へと啓かれる。だからこそさらに次の学びの世界への頁を披こうとする子どもの姿がある。夢中になることは対象と一体化し、共に生きる世界にはいるということであり、それが学びの対象に愛着を持っていとおしく感じたり、興味を持ち大事に丁寧にかかわり扱うことになる。こうした知への敬虔な思いを子どもたちが語る言葉の中に聴き取ることができる。

そしてこのお三方の先生方はいずれも校長経験者である。だからこそ保護者、地域と繋がること、学校づくりのイノベーションに取り組み始めることの難しさと学校づくりを継続することの難しさとその中で生まれる可能性を語ることをされている。特定の短期間の公開研究発表等で見せる華やかな姿ではなく、学校が学びの文化を日常の中で生み出していくことを大切にされる。それを教師たちが互恵的に追究し受け継ぎながら、新たな実践の創造とそのためのさまざまな道具や仕組みを各学校として創りだしていく。私たちは二一世紀にも残る学校文化の根をこの本著の中に見ることができるだろう。それは五〇年を超えて教師、学校づくりを自ら教師として校長としてされ、またさらには助言者として支えて来られたその重みが物語るものである。単にそれを継承するだけではなく、この変革のマインドセット、そしてそれに同行する教師たちの姿の中にわたしは、日本の公教育のよさと可能性を見、「たしかな」希望を感じ取ることができる。それらを是非読者の方々にも味わっていただきたい。

東京大学大学院教育学研究科教授　秋田喜代美

執筆者紹介（執筆順。＊は編著者）

＊石井順治（いしい　じゅんじ）（はじめに、Ⅰ　第1章、Ⅱ　第1章、Ⅲ　第1章）

1943年生まれ。四日市市内の小中学校の校長を歴任。現在は、学びの共同体研究会の地域支部である三重学びのネットワークに所属するとともに、東海国語教育を学ぶ会顧問。著書に『ことばを味わい読みをひらく授業』（明石書店、2006年）、『教師の話し方・聴き方』（ぎょうせい、2010年）、『「学び合う学び」が深まるとき』（世織書房、2012年）などがある。

小畑公志郎（こばた　こうしろう）（Ⅰ　第2章、Ⅱ　第2章、Ⅲ　第2章）

1947年生まれ。宝塚市内の小学校の校長を歴任。現在は各地の学校で、子どもの姿、事実をもとに子どもの学びについて先生方と共に考えている。著書に『教師の言葉とコミュニケーション――教室の言葉から授業の質を高めるために』（共著、教育開発研究所、2010年）などがある。

佐藤雅彰（さとう　まさあき）（Ⅰ　第3章、Ⅱ　第3章、Ⅲ　第3章）

1944年生まれ。静岡県富士市内の小中学校の校長を歴任。現在は、学びの共同体研究会に所属するとともに、学びの共同体としての学校づくりを支援。著書に『公立中学校の挑戦――授業を変える学校が変わる』（ぎょうせい、2003年）、『中学校における対話と協同――「学びの共同体」の実践』（ぎょうせい、2011年）、『子どもと教室の事実から学ぶ――「学びの共同体」の学校改革と省察』（ぎょうせい、2015年）などがある。

授業づくりで　子どもが伸びる、教師が育つ、学校が変わる

「授業づくり・学校づくりセミナー」における「協同的学び」の実践

2017年 7 月31日　初版第1刷発行
2017年11月30日　初版第2刷発行

編著者　石　井　順　治
著　者　小 畑 公 志 郎
　　　　佐　藤　雅　彰
発行者　石　井　昭　男
発行所　株式会社 明石書店
〒101-0021 東京都千代田区外神田6-9-5
電　話　03-5818-1171
ＦＡＸ　03-5818-1174
振　替　00100-7-24505
http://www.akashi.co.jp
装丁　明石書店デザイン室
印刷・製本　モリモト印刷株式会社

（定価はカバーに記してあります）　ISBN978-4-7503-4541-3

子どもの貧困と公教育　義務教育無償化・教育機会の平等に向けて
中村文夫　◉2800円

子どもの貧困と教育機会の不平等　就学援助・学校給食・母子家庭をめぐって
鳫 咲子　◉1800円

居住の貧困と「賃貸世代」　国際比較でみる住宅政策
小玉 徹　◉3000円

入門 貧困論　ささえあう／たすけあう社会をつくるために
金子 充　◉2500円

子ども食堂をつくろう！　人がつながる地域の居場所づくり
豊島子どもWAKUWAKUネットワーク編著　◉1400円

新貧乏物語　しのび寄る貧困の現場から
中日新聞社会部　◉1600円

生活保護「改革」と生存権の保障　基準引下げ、法改正、生活困窮者自立支援法
吉永 純　◉2800円

生活困窮者への伴走型支援　経済的困窮と社会的孤立に対応するトータルサポート
奥田知志、稲月 正、垣田裕介、堤 圭史郎　◉2800円

公的扶助の戦後史【オンデマンド版】
岸 勇著　野本三吉編著　◉4000円

ジェンダー／セクシュアリティの教育を創る　バッシングを超える知の経験
浅井春夫、子安 潤、鶴田敦子、山田 綾、吉田和子著　◉2600円

子どものための親子論　〈親子になる〉という視点
芹沢俊介　◉1600円

養育事典
芹沢俊介、菅原哲男、山口泰弘、野辺公一、箱崎幸恵編　◉6800円

子どもの権利ガイドブック【第2版】
日本弁護士連合会子どもの権利委員会編著　◉3600円

反転授業が変える教育の未来　生徒の主体性を引き出す授業への取り組み
反転授業研究会編　中西洋介、芝池宗克著　◉2000円

21世紀型スキルとは何か　コンピテンシーに基づく教育改革の国際比較
松尾知明　◉2800円

21世紀型スキルと諸外国の教育実践　求められる新しい能力育成
田中義隆　◉3800円

〈価格は本体価格です〉